Le meilleur du Gorafi

Vous pouvez consulter notre catalogue général
et l'annonce de nos prochaines parutions sur notre site :
www.cherche-midi.com

92, avenue de France – 75013 Paris
serviceclients@lisez.com

Conception et réalisation graphique :
Justine Dupré et Axelle Hardy

Photos de couverture :
GK History Images - Alamy Stock Photo
Andrew Paterson - Alamy Stock Photo
Imago - Alamy Stock Photo

Dépôt légal : novembre 2024
ISBN 978-2-7491-8160-8

Le meilleur du Gorafi

le cherche midi

Écrire une nouvelle préface pour une nouvelle édition de notre recueil annuel des articles du *Gorafi* est à chaque fois un nouveau défi mais aussi un plaisir, chaque fois renouvelé.

Je ressens toujours le même plaisir, si ce n'est plus, que lorsque j'ai approuvé mon premier plan de licenciement collectif. Il est de ces petits plaisirs qui rythment une vie de financier et de capitaine d'industrie comme la mienne. Recevoir son premier parachute doré. Encaisser ses premiers dividendes après un fructueux délit d'initié. Dicter une préface par téléphone tandis que je nage dans la piscine d'un capitaine d'industrie d'un pays visé par des sanctions internationales. Il faut savoir profiter des choses simples.

Ce fut encore une année riche en rebondissements et profits économiques. Nos équipes ont de nouveau pu prouver leur efficacité et leur force d'impact en publiant le plus vite possible leurs articles sans même prendre le temps de vérifier ou croiser les informations. Des techniques qui ont été massivement copiées dans les médias français. Mon ami Pascal Praud ne me disait-il pas, pas plus tard qu'hier, que nous avions montré le chemin dans lequel lui-même s'est engagé avec la subtilité d'un AMX 30 ?

D'autant que cette année de nouveaux outils sont arrivés sur le marché pour nous permettre d'agrandir un peu plus nos profits et nos marges, et peu importe l'inflation – un mot que je ne connais pas, mais j'ai ouï dire que certains de nos compatriotes étaient impactés au point de devoir limiter leur achat de SUV ou le nombre de leurs trajets en jet en raison du prix du kérosène, sans parler du risque de percuter un activiste écolo qui se serait collé au goudron du tarmac. Ces gens-là ont-ils idée du prix de la peinture d'un avion que nous devrons remettre en état en cas de contact violent ? Mais je m'égare.

Très chers lecteurs, amis actionnaires, collègues de Davos et autres responsables de gestion patrimoniale, je suis heureux, honoré d'ouvrir ce nouveau volume du *Gorafi* et je souhaite à toutes et tous les meilleures plus-values et les meilleurs dividendes déductibles fiscalement pour les années à venir.

Jean-François Buissière
Président du Directoire
du Gorafi News Network

Le Gorafi

SEPTEMBRE 2023

APRÈS L'ABAYA, GABRIEL ATTAL SOUHAITE AUSSI INTERDIRE LES DÉGRADÉS CHEZ LE COIFFEUR

Le sémillant ministre de l'Éducation nationale ne compte pas s'arrêter en si bon chemin. Malgré la polémique suscitée par l'interdiction de l'abaya, Gabriel Attal s'attaque aujourd'hui à une autre atteinte grave à la laïcité : le dégradé.

C'est lors d'une interview sur France Info que le ministre de l'Éducation nationale a détaillé cette mesure déjà controversée : "C'est avec tout le soutien du gouvernement que l'interdiction du dégradé sera promulguée dans tous les établissements scolaires dès le mois prochain. Cette coupe de cheveux, ras sur les côtés et plus progressive sur le haut, est encore trop souvent plébiscitée dans les quartiers populaires et est un signe ostentatoire d'appartenance à la religion islamique. L'expression 'Psartek le dégradé' est une ingérence de la langue arabe dans nos écoles, et elle est insupportable. Il faut que cela s'arrête, et nous avons le courage de dire stop. Les coiffeurs à 10 euros sont les premiers responsables de cet état de fait, et ils devront s'adapter ou fermer boutique."

"C'EST AVEC TOUT LE SOUTIEN DU GOUVERNEMENT QUE L'INTERDICTION DU DÉGRADÉ SERA PROMULGUÉE DANS TOUS LES ÉTABLISSEMENTS SCOLAIRES DÈS LE MOIS PROCHAIN."

Le dégradé, qui a connu son heure de gloire dans les années 2000, n'a malheureusement jamais disparu et fait toujours partie des coupes "basiques" proposées chez ces coiffeurs pourvoyeurs d'islamisme radical qui n'hésitent pas à écouter Beur FM pendant leur travail. La décision de Gabriel Attal a été immédiatement saluée par la droite, notamment par Éric Ciotti, même s'il reproche encore un manque de sévérité : "L'interdiction du dégradé est un bon début, mais le gouvernement ne va pas assez loin dans son combat contre les ara… euh pour la laïcité. Moi Président, j'interdirai aussi le couscous dans les cantines scolaires, mais également les vêtements achetés au bled comme les marques 'Adadas', 'Locoste' et 'Bucci'."

Des mesures attendues depuis longtemps par tous les défenseurs de la laïcité. M. Attal aura-t-il le courage de les appliquer ?

SOCIÉTÉ

RENTRÉE – TOUT CE QUI CHANGE À L'ÉCOLE POUR VOTRE ENFANT

Avec l'arrivée de Gabriel Attal au ministère de l'Éducation nationale, ce sont plusieurs changements qui voient déjà le jour pour cette rentrée 2023 afin de préparer au mieux nos chères petites têtes blondes au futur qui les attend.

Instauration d'un Fight Club dans la cantine deux fois par semaine

Pour que les enfants apprennent à se défendre correctement, un Fight Club sera proposé aux élèves deux fois par semaine entre midi et 13 h 30. Des accessoires de *free fight* leur seront également distribués, comme des barres de fer, des poings américains ou encore un taser "Scoubidou" débridé (50 000 volts). Un module indispensable pour apprendre à se protéger efficacement en cas de vol de goûter ou d'invasion des Russes.

Remplacement de la sonnerie par la musique d'attente de France Travail

Le traditionnel "Dring" de fin de cours sera remplacé dès la rentrée par *Le Printemps* de Vivaldi joué en boucle pendant vingt minutes. L'occasion d'habituer les enfants dès leur plus jeune âge à devoir rester assis pendant des heures en écoutant cette musique dans l'attente d'une récompense.

Élection d'un référent Abaya

En plus du référent Harcèlement, un référent Abaya sera également instauré au sein des établissements. Chargé de recueillir les témoignages des élèves dès qu'ils aperçoivent une élève musulmane vêtue d'une robe longue, ce référent pourra ensuite transmettre l'information au référent Délation, avant d'envoyer l'élève faire un tour chez le référent Dehors.

Un professeur remplaçant-remplaçant sera chargé de remplacer le professeur remplaçant si celui-ci est absent

Pour faciliter l'éducation de nos chères têtes blondes, le professeur remplaçant-remplaçant veillera à ce que tous les élèves assistent aux cours initialement prévus. En cas d'absence du professeur remplaçant-remplaçant, c'est le professeur habituel qui sera chargé de le remplacer.

Un stage d'observation en entreprise dès le CP

Un stage d'observation de six semaines sera obligatoire pour les élèves de CP à partir du mois de décembre. L'occasion de faire valider leurs acquis auprès d'entreprises qui ont fait leurs preuves (Total, Nestlé…) et de les préparer efficacement au marché du travail. Au sujet de cette mesure, Gabriel Attal a déclaré : "Faire des lignes de O c'est bien, mais c'est pas avec ça qu'on construit des Boeing. […] Il s'agirait de grandir."

La "cantine" devient un "espace de transition nutritif à ambition régénérative partagée"

Afin de rendre l'espace scolaire moins anxiogène, la cantine change officiellement de nom. Une mesure forte à laquelle s'ajoute également le "CDI" qui devient une "zone d'acuité éducative pluriscalaire" et la "cour" qui devient un "terrain d'expression ludo-articulé multisupports à latéralisation étudiante forte". De quoi rendre cette rentrée plus simple pour les élèves et le corps enseignant en venant répondre efficacement aux nombreux problèmes soulevés par les équipes pédagogiques depuis maintenant quarante ans.

SOCIÉTÉ

MAYOTTE – LE MAROC PROPOSE SON AIDE À LA FRANCE

Privé d'eau depuis plusieurs jours, le 101e département français, Mayotte, pourrait bientôt être secouru par le Maroc qui a proposé son aide à la France.

"On a soif", scandent les habitants de Mayotte, privés d'eau deux jours sur trois. Le département français est en pleine crise de l'eau et attend toujours une intervention de la métropole qui semble avoir totalement oublié le petit archipel. Face à cette situation catastrophique digne d'un pays sous-développé, le Maroc a généreusement proposé son aide à la France. "C'est terrible ce qui se passe en France et c'est normal que nous proposions notre aide", explique le porte-parole du gouvernement marocain en conférence de presse. "Nous venons d'être touchés par un terrible séisme, mais ce n'est pas pour autant que nous oublions nos valeurs, nos amitiés et notre solidarité envers la 6e puissance mondiale."

À ce jour, le Maroc attend toujours le feu vert d'Emmanuel Macron pour envoyer des aides à Mayotte mais le président de la République n'a toujours pas réagi. Dans les couloirs, il se murmure que le Président n'acceptera l'aide du Maroc que si le Maroc accepte l'aide de la France pour gérer l'après-séisme. Affaire à suivre.

PARIS 2024 – LES ÉPREUVES DE NATATION FINALEMENT ORGANISÉES DANS UNE PISCINE À BOULES

En supprimant l'eau des piscines de La Défense Arena, le comité d'organisation des jeux de Paris 2024 se place en pointe de la préservation des ressources environnementales.

L'eau dans les piscines olympiques, c'est fini. Le comité d'organisation des jeux de Paris 2024 vient d'annoncer la décision de remplacer la molécule H_2O par des petites boules en plastique. Une décision radicale mais motivée officiellement par des raisons écologiques. "Nous nous sommes engagés à organiser des jeux neutres en carbone et à réduire le gaspillage des ressources à notre disposition", a déclaré ce matin Tony Estanguet.

REMPLACER LA MOLÉCULE H_2O PAR DES PETITES BOULES EN PLASTIQUE.

Un geste pour la planète

Si le discours officiel semble faire bonne figure, le comité prend ainsi les devants de possibles restrictions d'eau sur le remplissage des piscines en cas de canicule pendant l'été 2024. Suivant cette ligne écologique, les petites boules fabriquées à partir de plastique recyclé pourraient également faire leur apparition dans les bacs de saut en longueur et sur les terrains de beach-volley pour y remplacer le sable, ressource dont les stocks mondiaux se réduisent à une vitesse alarmante, selon de nombreuses ONG.

D'autres annonces en lien avec l'écologie devraient suivre prochainement. Il se murmure depuis Saint-Denis que le comité se laisse encore un temps de réflexion pour choisir une molécule moins indispensable à la vie pour trouver une alternative à l'eau de la Seine qui doit accueillir les épreuves de natation en eau libre.

PEOPLE

APRÈS AVOIR LOUPÉ UNE MARCHE, GAD ELMALEH VOIT TOUTE LA VIE DE JERRY SEINFELD DÉFILER DEVANT SES YEUX

Alors qu'il descendait les escaliers pour se rendre dans sa cuisine, Gad Elmaleh a vu toute la vie de Jerry Seinfeld défiler devant ses yeux après avoir failli s'étaler en loupant une des marches. Récit.

"J'AI TOUT REVU, RACONTE-T-IL. LE SKETCH DE L'AVION, DU SKI..."

Il est 10 h 30 lorsque Gad Elmaleh décide de descendre dans sa cuisine pour se préparer des pancakes. Mal réveillé après avoir passé la nuit à répéter son prochain spectacle, *D'ailleurs*, il manque de s'étaler violemment en ne voyant pas la dernière marche. Une descente d'organes qui lui fait aussitôt voir défiler toute la vie de Jerry Seinfeld devant ses yeux. "J'ai tout revu, raconte-t-il. Le sketch de l'avion, du ski... J'ai d'abord cru que c'était ma vie, jusqu'à ce qu'il commence à parler en américain et à ne pas faire de pub pour LCL."

Des détails inédits dont s'est aussitôt emparé le célèbre chasseur d'humoristes CopyComic. Dans une vidéo YouTube intitulée *Gad Elmaleh – Moi c'est l'autre*, l'internaute dévoile des ressemblances troublantes entre des éléments de la vie de l'humoriste et celle de Jerry Seinfeld. "En 1971, lorsque Gad est né, son premier cri ressemblait à ça : 'Ouiiiiiin ! Ouiiiiiiiin !' mais à sa naissance en 1954, Jerry Seinfeld faisait déjà exactement le même son, raconte-t-il, choqué. De même, le premier mot de Gad Elmaleh a été 'Ma-ma' alors que celui de Seinfeld a été 'Mom-my'.

Quand même ! Plagiat ? Coïncidence ? En tout cas c'est troublant…"

De nouvelles révélations auxquelles Gad Elmaleh n'a pas souhaité réagir. En attendant, il aurait, selon des sources proches, fait retirer la dernière marche de chacun de ses escaliers afin de revoir la vie de Jerry Seinfeld une deuxième fois et espérer pouvoir noter quelques vannes inédites, jamais exploitées par l'humoriste américain.

POLITIQUE

POUR MIEUX LES COMBATTRE, GÉRALD DARMANIN DEMANDE AUX ÉLUS RN D'ARRÊTER D'ÊTRE TOUJOURS D'ACCORD AVEC LUI

Le ministre de l'Intérieur ne cache pas son agacement de voir l'extrême droite de plus en plus complaisante avec ses propositions et sa vision politique.

"UNE VOLONTÉ DÉLIBÉRÉE DE METTRE À MAL SON STATUT DE DERNIER REMPART CONTRE L'EXTRÊME DROITE."

"Cela doit cesser." C'est en ces mots que Gérald Darmanin, toujours présumé innocent, implore les élus du Rassemblement national et de Reconquête de bien vouloir garder une posture d'opposition face à sa politique et à ses déclarations. Dans un entretien exclusif publié dans *Le Parisien*, le ministre de l'Intérieur condamne ce qu'il appelle "une volonté délibérée de mettre à mal son statut de dernier rempart contre l'extrême droite en saluant chacune de ses dernières interventions avec bienveillance". Celui qui ne cache plus ses ambitions présidentielles en appelle à l'esprit antirépublicain de ses adversaires en leur demandant de "cesser immédiatement d'applaudir, de retirer leur chemise et de lui jeter des sous-vêtements à la fin de ses discours à l'Assemblée nationale". Le ministre de l'Intérieur s'est aussi adressé directement aux électeurs d'extrême droite en leur demandant de cesser immédiatement de parler de lui en termes élogieux sur les réseaux sociaux et de crier son nom lors de chacune de ses apparitions publiques.

SOCIÉTÉ

RENTRÉE – IL SE FAIT EXCLURE DE SA FORMATION DE MIME APRÈS AVOIR RÉPONDU "PRÉSENT"

C'est la fin d'un rêve pour Colin Boyer, cet étudiant en arts du spectacle qui vient de se faire recaler de son école de mime après avoir répondu "Présent" le jour de la rentrée. Récit.

Marinière, gants blancs, maquillage low cost et playlist d'accordéon dans son cartable, c'est avec des étoiles plein les yeux que Colin Boyer, 19 ans, aborde sa rentrée en première année à l'École supérieure des arts du mime. Celui que ses amis surnomment "Le Courtemanche de Pontault-Combault" n'a qu'une seule idée en tête depuis toujours : égaler ses idoles. "J'ai toujours su que j'avais un don, et comme disait le mime Marceau : ' '. Voilà", raconte-t-il avant de se précipiter derrière un muret pour faire l'escalator.

L'École supérieure des arts du mime ou Mimes ParisTech : une école prestigieuse qui a vu sortir les plus grands comme Pierrot le Douillet, Célestin Folamour ou le truculent Marcel Gardot. Au programme : "Science et Vie de la Vitre", "Air Guitare", ou encore l'option "J'ai pris ton nez". Une formation élitiste et exigeante que Colin a toujours rêvé d'intégrer, rêve qui malheureusement pour lui sera de courte durée.

Alors que son professeur principal commence à faire l'appel en écrivant au tableau "Colin Boyer", ce dernier lève aussitôt la main en s'écriant d'une voix forte "Présent !" Une scène surréaliste qui prend aussitôt des proportions démesurées. Rapidement, tous les élèves plaquent leurs deux mains sur leur visage en formant un large O avec leur bouche. Le professeur principal, pris de court, met aussitôt Colin dehors en mimant un lasso avec ses mains, avant de dessiner au feutre deux sourcils froncés sur son visage pour bien montrer sa colère.

COLIN EST AUJOURD'HUI CONDAMNÉ À UNE INTERDICTION D'EXERCER LE MIME PENDANT UNE DURÉE MINIMUM DE QUARANTE ANS.

Viré de la formation après un conseil de discipline, Colin est aujourd'hui condamné à une interdiction d'exercer le mime pendant une durée minimum de quarante ans. Une sanction sévère qui n'est pas sans rappeler l'histoire de Pierrick Desmoulins, étudiant de 22 ans, recalé de son école de ventriloquie après avoir oublié de dire "Owwww tu peux pas dire ça Pipounet" à sa marionnette.

LOISIRS

IL N'EST TOUJOURS PAS BILINGUE APRÈS DIX ANS À REGARDER DES SÉRIES EN VOSTFR

Un jeune homme s'est rendu compte qu'il n'était pas bilingue alors qu'il regarde des séries en vostfr. Reportage.

C'est un bien triste constat qu'a dû faire Arnaud, 29 ans, en voyage à New York : "Dès l'aéroport j'ai réalisé que je n'étais pas bilingue… Alors que ça fait dix ans que je regarde des séries en vostfr ! Tous les profs m'ont dit que c'était efficace. M'aurait-on menti ?" s'exclame Arnaud, plongeant sa tête entre ses mains, sur un banc de Central Park.

C'est avec une voix pleine d'amertume qu'il tente de comprendre les raisons de ce désastre linguistique : "Franchement, je me revois galérer à lire les sous-titres le soir dans mon lit alors que j'étais fatigué. Ou à louper des scènes et expressions de jeu de certains acteurs au cinéma, à cause de ces foutus sous-titres ! Tout ça pour rien ! J'ai même pas réussi à commander un latte chez Starbucks, il m'ont filé un expresso ! *Fuck it*!!….. c'est bien comme ça que ça se dit ?" lance le jeune homme, faisant sursauter les passants de Times Square.

"Je viens d'écourter mon voyage. Ça ne sert à rien, si c'est pour manger du fast-food, faire du shopping dans de grandes enseignes et voir des films de super-héros, je peux le faire à Paris. Là je capte que dalle, en dix ans de vostfr, j'ai juste appris à lire vite des sous-titres, en fait… Je comprends toutes les vidéos Brut sans avoir à mettre le son… c'est déjà ça !" soupire Arnaud, essayant une larme le long de sa joue.

SOCIÉTÉ

300 PUNAISES DE LIT SE DISPUTENT POUR SAVOIR QUI PRENDRA LE LIT DU HAUT

Marseille – À peine installées dans leur Airbnb, une violente querelle a opposé 300 punaises de lit pour savoir qui aurait le privilège de prendre possession du lit du haut. Récit.

C'est une violente dispute qui a opposé samedi après-midi 300 punaises de lit dans un appartement à Marseille. À peine sorties de leurs valises devant les lits superposés de leur Airbnb, les 300 locataires débattent vigoureusement pour savoir qui aura le droit de prendre le lit du haut. Un spot particulièrement recherché pour des raisons évidentes : une meilleure vue sur la chambre, un couchage nettement plus frais, et surtout un point de chute stratégique pour sucer abondamment le sang de Margot, la propriétaire des lieux.

N'arrivant finalement pas à se mettre d'accord, les 300 pondeuses de larves préfèrent couper la poire en deux et partent s'installer dans le canapé du salon, les tapis de la salle de bain, la VMC, les prises murales, le papier peint ainsi que dans l'intégralité des vêtements de Margot, ses tables de chevet, ses tresses et son micro-ondes. Un véritable calvaire pour la jeune logeuse qui décide de faire venir des experts anti-nuisibles pour désinfecter intégralement son logement au napalm, à l'azote et au fioul. "C'est un cauchemar, nous confie-t-elle. Tous les matins, je me réveille avec 300 nouvelles piqûres. C'est plus un corps que j'ai, c'est une étape du Tour de France", raconte-t-elle, avant de fondre en larmes.

Un conflit finalement de courte durée qui aura permis au groupe de passer des vacances merveilleuses à deux pas du Vieux-Port. Logées, nourries, les 300 comparses (désormais 1400) déclarent sur l'application Airbnb avoir pu "profiter en famille d'un havre de paix inégalable" et remercient Margot pour son "hospitalité", sa "chaleur" et ses "globules". De son côté, la jeune chargée de prod, à bout, songe à demander une dérogation à l'armée de terre pour larguer une bombe h sur son logement dans l'espoir d'en tuer au moins 12.

ASTROLOGIE

MERCURE PERCUTE ACCIDENTELLEMENT UN SEMI-REMORQUE SUR L'A6 EN RÉTROGRADANT TROP TÔT

La planète Mercure a violemment détruit l'intégralité d'un poids lourd Toyota ce lundi en rétrogradant trop tôt sur l'autoroute du Soleil. Récit.

Alors qu'elle rentre de vacances sur l'autoroute A6, Nelly D., 23 ans, a la peur de sa vie en assistant à un accident d'une rare violence à quelques mètres de son véhicule. Mercure, la célèbre planète, en pleine transition astrale entre Lyon et Auxerre, rétrograde comme à son habitude, mais cette fois-ci trop tôt. Une perte de vitesse soudaine qui surprend aussitôt Luc Chambort, chauffeur routier de 35 ans, qui ne peut s'arrêter à temps et la percute de plein fouet. "Son camion a littéralement explosé, raconte Nelly, encore sous le choc. Il y avait des morceaux de tôle incandescente partout. J'espère que le conducteur n'a rien !" s'inquiète-elle, avant de reprendre espoir en ajoutant tout sourire : "Avec un peu de chance, il était signe d'eau !"

D'après les premiers éléments de l'enquête, Mercure tournait à une vitesse de 11 000 km/h lorsqu'elle a décidé d'emprunter la bretelle. Une moyenne largement au-dessus de la vitesse autorisée sur l'A6, limitée à 130 km/h. "C'est malheureux mais ça arrive souvent" explique Bernard Ducret, responsable sécurité des autoroutes Vinci. "Il y a quinze jours, Saturne est entrée un peu trop rapidement dans le signe des Poissons. Ça lui a fait perdre un de ses anneaux et déraper sur 500 mètres avant de pulvériser entièrement l'aire de Savigny-Lès-Baune, poursuit-il. C'est pas faute de recommander aux planètes de faire une pause toutes les deux heures lors de leurs déplacements, mais bon, entre nous, c'est comme parler dans le vide."

"AVEC UN PEU DE CHANCE, IL ÉTAIT SIGNE D'EAU !"

Cet accident d'une rare violence a entraîné la fermeture de l'A6 pendant environ quatre heures, le temps de déblayer les débris et de retrouver ladite planète qui a entre-temps pris la fuite. La Gendarmerie nationale a d'ailleurs partagé sur X (anciennement Twitter) son signalement dans l'espoir de retrouver la fuyarde : "Planète brun-gris métalisé, pas de plaque, 5 000 km de diamètre environ, légère rayure au niveau de l'aile droite, flashée à une vitesse orbitale moyenne de 47 362 km/s, rapide et dangereuse, n'intervenez pas seul. Amour : du renouveau en fin de semaine. Le + : mollo sur le sucre."

HI-TECH

KEYNOTE APPLE – TROIS MINUTES APRÈS LE DÉBUT DE LA PRÉSENTATION, UN IPHONE 15 MEURT D'OBSOLESCENCE PROGRAMMÉE

L'événement s'est déroulé la semaine dernière lors de l'annuelle keynote d'Apple. Alors que Tim Cook exposait les fonctionnalités du tout dernier iPhone 15, celui-ci s'est éteint soudainement, victime d'obsolescence programmée.

"Je comprends pas, il devrait lui rester au moins cinq bonnes minutes", a bredouillé le PDG de la firme à la pomme en tentant de rallumer le modèle, tandis qu'en coulisses plusieurs techniciens cherchaient une solution au problème sur leur Macbook Pro avant que ceux-ci ne s'éteignent à leur tour, victimes d'obsolescence programmée.

Après avoir terminé la présentation sur PowerPoint, Tim Cook a poliment demandé aux journalistes présents dans la salle de ne pas diffuser de vidéos de l'incident prises avec leur téléphones. "Même si je vois que la plupart d'entre vous ont des iPhone 10, auquel cas ils devraient s'éteindre pour de bon d'ici la fin de la keynote", a-t-il ajouté.

Ce n'est pas la première fois qu'Apple rencontre des problèmes lors de sa keynote. En 2016, le PDG avait passé de longues minutes à chercher un adaptateur auprès des journalistes présents dans la salle pour recharger le nouvel iPhone 7 qui s'était éteint abruptement, victime de ses quinze minutes d'autonomie.

Le Gorafi

OCTOBRE 2023

EASYJET - LES PILOTES DÉBUTANTS AUTORISÉS À METTRE DES PETITES ROUES

Afin de mettre en confiance ses pilotes et de renforcer la sécurité des passagers, easyJet vient d'autoriser les commandants de bord fraîchement diplômés à mettre des petites roues sur leurs trains d'atterrissage. Reportage.

"VU NOS TARIFS, NOUS SOMMES OBLIGÉS DE PRENDRE DES PILOTES PEU EXPÉRIMENTÉS, VOIRE DES STAGIAIRES."

C'est une mesure qui va en rassurer plus d'un. Tous les avions de la compagnie easyJet seront désormais équipés de deux petites roues de vélo sur le train d'atterrissage arrière afin d'aider les pilotes à rester stables pendant le décollage et l'atterrissage. "Vu nos tarifs, nous sommes obligés de prendre des pilotes peu expérimentés, voire des stagiaires", explique Johan Lundgren, PDG d'easyJet. "Grâce à cette mesure, ils pourront enfin déplacer les 430 tonnes de la carlingue sans se planter dans le décor, poursuit-il. Une fois suffisamment à l'aise avec le concept de pilotage, on leur retirera les roulettes petit à petit jusqu'à ce qu'ils arrivent à se poser tout seul", conclut-il, avant d'ajouter : "Il risque d'y avoir quelques ratés, quelques sorties de route, quelques bobos, mais, eh, c'est comme ça qu'on apprend !"

En plus des petites roues, d'autres éléments viendront renforcer la sécurité des passagers, tels que la distribution de casques de vélo Decathlon pour réduire les risques en cas de crash ou encore l'installation d'une petite sonnette dans le cockpit pour que les pilotes puissent avertir les autres Airbus d'un risque de collision. Un dispositif certes sommaire mais qui semble plaire aux usagers : "C'est toujours rassurant de se savoir protégé", nous confie par exemple Romain, 25 ans, avant de poser sa valise dans un petit panier en osier situé à l'avant de l'appareil.

Une mesure forte qui semble d'ailleurs en inspirer plus d'un, puisque les croisières Concordia viennent d'annoncer qu'elles réfléchissaient activement à accrocher des brassards à leurs paquebots afin de les aider à flotter.

SOCIÉTÉ

IL ACHÈTE UNE HACHE ET PARVIENT À RÉGLER TOUS SES PROBLÈMES

Jean-Claude, 51 ans, faisait face à plusieurs situations compliquées, aussi bien dans la sphère professionnelle que dans sa vie privée. Pourtant, lorsqu'il achète "sur un coup de tête" une hache en promotion, il était à mille lieues d'imaginer que tous ses problèmes se règleraient dans la foulée. Nous l'avons rencontré pour en savoir plus.

"C'était pendant ma pause déjeuner. Je suis allé faire un tour à Leroy Merlin et la hache était seulement à 19 €, je me suis dit que ça pouvait forcément servir, alors je l'ai prise, quoi", commente Jean-Claude, commercial dans une entreprise d'import-export à Brive-la-Gaillarde. "Et puis je suis revenu au boulot. J'ai fait ma présentation PowerPoint avec ma hache sur l'épaule, et ça a été très apprécié. Le client était convaincu, il a trouvé que j'inspirais confiance. Moi qui étais sur la sellette, j'ai eu les félicitations de mon manager, ce gros con."

C'est alors que Jean-Claude rentre chez lui, dans son pavillon, et décide de couper du bois. "Quand Karine, ma femme, est rentrée du boulot, elle m'a vu en marcel, en sueur, en train de donner des coups de hache, et on a refait l'amour dans l'abri de jardin, alors qu'on s'était pas touchés depuis la naissance d'Enzo." Selon plusieurs sources concordantes, Karine aurait même eu quatre orgasmes ce jour-là.

"Mais c'est avec Enzo que la hache a eu le plus d'effet." Le fils de Jean-Claude passait quartoze heures par jour sur son PC à jouer à des jeux ou harceler des minorités sur internet. "Je l'engueulais tous les jours pour qu'il arrête ses conneries mais il écoutait rien… Alors j'ai cassé son ordi avec ma hache. Aujourd'hui, il s'est inscrit à une formation pour devenir pâtissier. Je suis fier de lui." La hache trône aujourd'hui au-dessus de la TV de Jean-Claude qui a repris le contrôle de sa vie. Un modèle à suivre ?

POUR PLUS DE RÉALISME, LE NOUVEAU CODE DE LA ROUTE SERA RÉDIGÉ INTÉGRALEMENT EN INSULTES

Le code de la route fait peau neuve. Afin de gagner en clarté et en réalisme auprès des élèves, l'Académie a fait savoir que celui-ci serait rédigé intégralement en insultes.

Exit donc les formules de politesse et le registre soutenu qu'on trouvait dans les précédents livrets. Dès la première page, l'élève est accueilli par "alors on veut passer son code, connard ?" suivi pour les moins réactifs d'un "allez magne-toi le cul, on va pas y passer la nuit, bordel !" et d'un "réponds à la question 1 ou je t'en colle une" accompagnés de quelques coups de klaxon pour ceux révisant en ligne.

"EST-CE QUE TU PEUX DOUBLER LA GROGNASSE EN OPEL CORSA ?"

Concernant l'examen théorique, l'élève devra répondre à des questions de mise en situation écrites dans le même registre telles que "est-ce que tu peux doubler la grognasse en Opel Corsa ?", "à combien sont limités ces fils de p*** à trottinette ?", mais aussi à des questions de sécurité plus difficiles telles que "à combien de verres t'as le droit en période probatoire ? Essaie pas de me la faire à l'envers, je sens ton haleine de poivrot d'ici."

Vers une mise à jour de l'examen pratique ?

Fort de ce succès, l'Académie n'exclut pas de mettre également à jour l'épreuve pratique en y intégrant un test de plusieurs séries de klaxon en circulation, une série de doigts d'honneur aux cyclistes et, pour les Parisiens, trois insultes à Anne Hidalgo.

SANTÉ

PARIS - LA MAIRIE DE PARIS SE VEUT RASSURANTE MALGRÉ LA PRÉSENCE D'UNE PUNAISE DE LIT DE 23 MÈTRES DE HAUT

Alors que l'essentiel du 13e arrondissement a été détruit par l'irruption soudaine d'une punaise de lit géante tôt ce matin, la mairie de Paris se veut quant à elle rassurante et demande de ne pas céder à la paranoïa.

"Cette punaise de lit a été identifiée et nos équipes de désinfection et d'exterminateurs sont en route, il n'y a pas de crainte que cela se propage dans d'autres arrondissements, assure-t-on du côté de la mairie. Beaucoup de gens voient des punaises partout, celle-ci est peut-être très visible mais cela ne veut pas dire qu'il y a des punaises de lit géantes partout", a expliqué un porte-parole de la mairie de Paris, en commentant les images d'un bus entier piétiné puis dévoré par l'immense punaise de lit de plusieurs centaines de tonnes.

"Nous allons mettre en place un plan avec le gouvernement. Nous voulons assurer aux touristes et aux parisiens que la situation est sous contrôle et que les lieux que vous fréquentez au quotidien ne contiennent pas de punaises de lit géantes", s'est réjoui de son côté un autre conseiller avant d'être écrasé à son tour par les pattes de la monstrueuse punaise.

POLITIQUE

PAR MESURE DE SÛRETÉ, GABRIEL ATTAL PRÉVOIT LA SUPPRESSION DE 6 500 POSTES D'ENSEIGNANTS EN 2024

Alors que le pays est encore sous le choc de l'assasinat de Dominique Bernard, le gouvernement souhaite prendre des mesures fortes.

"Après la stupeur, place à l'action" : voici ce qu'a déclaré le ministre de l'Éducation nationale au micro de BFMTV hier soir avant d'ajouter : "Face au terrorisme, il faut réagir en conséquence afin que l'horreur ne se reproduise plus. C'est pourquoi nous allons protéger le corps enseignant en cessant de le mettre constamment au-devant du danger. Toujours dans cette démarche d'aide et d'accompagnement, nous allons donc supprimer 6 500 postes d'enseignants à la rentrée de janvier 2024."

"APRÈS LA STUPEUR, PLACE À L'ACTION."

Une mesure pour le moment "anecdotique" selon Gabriel Attal, bien conscient de la réalité actuelle. Le ministre souhaite d'ailleurs étirer ce plan sur plusieurs années afin d'atteindre la suppression de 32 000 postes d'ici 2027.

LITTÉRATURE

LE PRIX NOBEL DE LITTÉRATURE ATTRIBUÉ À UN GRAFFITI SUR UN MUR DE TOILETTES D'UN BAR DE RENNES

Oslo – Le jury du prix Nobel a rendu son verdict : cette année, le prix Nobel de littérature est décerné à l'auteur ou l'autrice d'un graffiti vu sur les murs des toilettes d'un bar de Rennes.

"Enivrez-vous ! / TA GUEULE". Telle est la phrase qui a retenu l'attention du jury cette année."Nous étions de passage à Rennes dans la rue de la soif et certains d'entre nous sont allés prendre une bière ou deux ou trois. En allant aux toilettes, nous sommes tombés nez à nez avec ce monument de la littérature française qui nous a immédiatement submergé", a raconté le président du jury, visiblement très ému. "On ne peut qu'applaudir la personne derrière ces lignes qui résument en quelques mots toute la condition humaine, le poids de l'existence et sa finalité face à l'éternité", souligne un autre membre du jury. "Si peu de mots pour résumer l'insoutenable légèreté de l'être montre combien l'auteur a une excellente compréhension de la dialectique et de la linguistique pour arriver à une synthèse maximale de la compréhension globale, ajoute encore un autre. Ce qui touche c'est la révolte face à un ordre péremptoire et absolutiste, toute la condition humaine est ici résumée."

L'auteur des lignes à encore trois mois pour se faire connaître auprès du jury faute de quoi le prix ira au second lauréat, à savoir Bruno Le Maire.

POLITIQUE

MATHILDE PANOT FAIT SON MEA CULPA ET RECONNAÎT QUE LE HAMAS "N'EST PAS TOUJOURS TRÈS SYMPA"

Alors que LFI a été fustigée à de nombreuses reprises pour sa condamnation du bout des lèvres des exactions du Hamas, la présidente du groupe parlementaire a reconnu que le mouvement terroriste "n'est pas toujours très sympa".

Après les crimes commis par le Hamas le 7 octobre sur des civils israéliens, la réaction de plusieurs figures de LFI n'a pas fait l'unanimité, tant s'en faut. Ce matin, Mathilde Panot, présidente du groupe à l'Assemblée nationale, a tenu à clarifier la position du mouvement d'extrême gauche au micro de France Inter. "Je veux faire mon mea culpa aujourd'hui. Il faut le reconnaître, le Hamas n'est pas toujours très sympa", a-t-elle affirmé avec la plus grande fermeté. Puis d'ajouter sans concession : "Il a quelques sautes d'humeur et est volontiers soupe au lait. Il se peut même qu'il ait eu parfois des mots pas très heureux, voire déplacés. Il est volontiers impulsif."

"IL A QUELQUES SAUTES D'HUMEUR ET EST VOLONTIERS SOUPE AU LAIT."

Un regard lucide sur le monde

Interrogée ensuite sur l'attitude de Jean-Luc Mélenchon ces dernières semaines, Mathilde Panot a déclaré qu'il était "l'homme le plus généreux, le plus patient, le plus délicat et le plus mesuré" qu'elle ait jamais rencontré. Elle a ajouté : "Heureusement qu'il est là pour tempérer les débats en ces temps troublés."

Quant à Vladimir Poutine, elle a reconnu que le Président russe "pouvait de temps en temps se montrer taquin".

MONDE

DIEU DÉCIDE DE METTRE LA TERRE DANS DU RIZ POUR VOIR SI ELLE PEUT SE RÉPARER D'ELLE-MÊME

Face aux derniers événements, Dieu a décidé de mettre la Terre dans un grand sac de riz dans l'espoir que cela puisse, peut-être, réparer quelque chose. Reportage.

"Franchement je sais plus quoi faire", s'est lamenté le Divin en retournant la Terre dans tous les sens. "Un coup le SAV me dit que c'est le *firmware* qui n'est pas à jour, une autre fois que je n'ai pas le bon système d'exploitation ou que la mémoire est pleine", ajoute-Il. En dernier recours, la Divinité a décidé de plonger la Terre dans un grand sac de riz. "Je vais la laisser ainsi quelques heures, et je verrai. Mais j'ai bien peur que cette fois-ci, ce soit foutu, je pense que j'ai tout essayé mais ce modèle est devenu obsolète, reconnaît-Il. Je l'aime bien, je suis un peu nostalgique je pense, admet-Il. Peut-être que je devrais faire un reset complet, ou juste passer au modèle supérieur, j'ai entendu dire que la nouvelle Terre 15 Pro est bientôt disponible, c'est peut-être le bon moment de changer, je garderai l'autre pour dépanner, au cas où."

FIN DE CAVALE POUR LA MÈRE DE FAMILLE QUI PESAIT LES POIVRONS BIO AU PRIX DES POIVRONS EN VRAC

Après vingt-six jours de cavale, Céline Moreau a finalement été arrêtée dans un hôtel Ibis de la banlieue de Bordeaux. Cette auxiliaire de puériculture de 50 ans était activement recherchée pour avoir pesé pendant des années les poivrons bio au prix des poivrons en vrac sur les balances d'un hypermarché Carrefour.

"Je regrette… Je m'excuse auprès des magasins Carrefour et de tous les actionnaires qui comptent sur l'honnêteté des clients." C'est par ces mots que Céline Moreau, la mine fatiguée et le regard vide, s'adresse à ses victimes. Cette mère de famille de quatre enfants était recherchée pour des faits de filouterie alimentaire aggravée. En effet, elle est accusée d'avoir pesé des poivrons bio "de qualité supérieure, les plus chers du magasin" au prix de vulgaires poivrons en vrac. Le ticket sur la balance, présentant un prix erroné, était alors présenté en caisse, au nez et à la barbe des vigiles.

LE TICKET SUR LA BALANCE, PRÉSENTANT UN PRIX ERRONÉ, ÉTAIT ALORS PRÉSENTÉ EN CAISSE, AU NEZ ET À LA BARBE DES VIGILES.

Cette escroquerie lui aurait permis de faire plusieurs dizaines d'euros d'économie au cours de cinq dernières années. Un "scandale sans précédent", selon Jean-Pierre Colincourt, le directeur du magasin visé. L'escroquerie aurait pu durer encore longtemps sans la dénonciation d'une voisine de Céline Moreau qui a contacté le magasin. Cette voisine qui a préféré garder l'anonymat, raconte : "Elle m'énervait à faire des économies… Pendant que moi, je mangeais les petits poivrons vendus en filet, elle se faisait plaisir avec des poivrons qui ont vraiment le goût de poivron. J'espère qu'elle va croupir en prison."

SOCIÉTÉ

IL ÉCLATE DE RIRE DEVANT UNE PUB SOSH

Un homme a été pris d'un fou rire devant sa télé pendant une publicité de la marque de téléphonie Sosh. Reportage.

Arnaud a tout du trentenaire classique, pourtant ce qui lui est arrivé mardi dernier sort de l'ordinaire : "C'était le soir, je zappais et puis je suis tombé sur une pub Sosh. Je m'y attendais pas du tout, mais j'ai été plié. Ça m'a flingué, par terre ! Vous savez là quand ils n'arrivent pas à prononcer 'je suis passé zez Sosh', ah vous voyez moi non plus j'y arrive pas ! Franchement, c'est énorme", lâche Arnaud, dans un éclat de rire.

Un rire pas si communicatif car cette franche rigolade n'a pas été du goût de son entourage, comme nous le confirme Alexandre, sa petite amie : "J'étais dans la chambre en train de bouquiner quand je l'ai entendu hurler dans le salon. J'ai eu peur, je suis venue en courant et je l'ai retrouvé hilare, les larmes aux yeux, à ne plus pouvoir parler, à me pointer l'écran. Quand j'ai vu que c'était une pub Sosh, j'ai été profondément choquée. Je reconnais que depuis ça a cassé quelque chose dans mes sentiments pour lui."

Conscient que son sens de l'humour le place désormais en marge de la société, Arnaud persiste et signe : "Après je suis allé voir les autres sur internet. Et je suis désolé, mais la version avec les joueurs de l'équipe de France, ou l'autre avec la marionnette qui fait comme s'il y avait un bug dans la télé… mais c'est énorme ! Des barres, sans déconner ! Ah je sais pas qui se cache derrière ces pubs, mais eux ils me tuent !", termine Arnaud, pris d'un nouveau fou rire.

IL APPRIVOISE UNE PUNAISE DE LIT POUR NE PLUS JAMAIS DORMIR SEUL

"AU DÉBUT, J'AI HÉSITÉ À ADOPTER UN CHAT OU UNE UKRAINIENNE, MAIS C'EST QUAND MÊME BEAUCOUP DE CONTRAINTES."

Alors qu'une véritable psychose s'est installée en France ces dernières semaines vis-à-vis des punaises de lit, Thomas M., 42 ans, a choisi de nager à contre-courant en adoptant un de ces insectes discriminés pour ne plus passer ses nuits tout seul. Récit.

Depuis son divorce il y a plus de dix ans, en mai 2013, Thomas M. vit seul à Lagny-sur-Marne (77) et n'a que peu d'occasions de s'endormir aux côtés d'un de ses congénères. Il a donc décidé il y a une semaine de remédier de façon drastique à cette situation. "Au début, j'ai hésité à adopter un chat ou une Ukrainienne, mais c'est quand même beaucoup de contraintes et on n'est même pas sûr qu'ils resteront tout le temps." Puis d'ajouter : "Le gros avantage de la punaise de lit, c'est que non seulement elle n'a jamais envie de partir mais en plus elle a toujours envie de faire des câlins."

Tout sauf simple

Pour attirer une punaise de lit jusqu'à son domicile, Thomas confesse que ça n'a pas été facile. "Au début je prenais le métro pour essayer d'en ramener une à la maison, mais j'étais dans la 3 bis et le constat a vite été clair : il n'y a pas plus de punaises de lit que d'humains." Heureusement, en dormant chez un ami, il a fini par en apercevoir une. "Mais quand je tendais la main, elle avait peur, alors elle s'en allait", regrette-t-il.

Dessine-moi une solution

Il a alors eu l'idée de s'inspirer du Petit Prince pour l'apprivoiser en lui déclarant : "Je n'ai pas besoin de toi. Et tu n'as pas besoin de moi non plus. Je ne suis pour toi qu'un humain semblable à cent mille humains. Mais, si je t'apprivoise, nous aurons besoin l'un de l'autre. Tu seras pour moi unique au monde. Je serai pour toi unique au monde…"

Puis Thomas de conclure, enthousiaste : "Elle m'a suivi et depuis nous sommes inséparables !"

FAMILLE

IL EST HEUREUX DE VOIR SON FILS ÉCHOUER LÀ OÙ IL A ÉGALEMENT ÉCHOUÉ

Thierry Roche, employé de mairie de 54 ans, vit à Cholet dans le Maine-et-Loire. Son fils Loïc a voulu lancer sa petite entreprise d'impression de t-shirts, mais la clientèle n'a malheureusement pas été au rendez-vous. Aujourd'hui, Loïc doit reprendre un travail alimentaire dans un hypermarché pour subvenir à ses besoins. Une bonne chose pour son père. Entretien.

"Il se croyait meilleur que moi, avec ses grands airs d'entrepreneur… commente Thierry, un sourire aux lèvres. Déjà qu'il avait eu le bac général, maintenant il croyait qu'il allait pouvoir lancer son entreprise comme ça… Il croyait quoi ? Devenir millionaire ? Moi aussi j'ai voulu me lancer quand j'étais jeune, j'avais ouvert mon magasin de disques, mais ça a pas marché, j'ai déposé le bilan. Et quand je lui disais d'arrêter de rêvasser et de garder son job à Carrefour, il en a fait qu'à sa tête. Alors qui c'est qui avait raison ? Qui ??"

"ALORS QUI C'EST QUI AVAIT RAISON ? QUI ??"

Pour Loïc, l'aventure entrepreneuriale est aujourd'hui un mauvais souvenir : "Oui c'est vrai, je me suis dit que c'était une bonne idée des t-shirts personnalisés… J'ai dépensé toutes mes économies là-dedans, et aujourd'hui je regrette… En plus j'ai encore dans le garage douze cartons de t-shirts 'Donneurs d'orgasmes' commandés par une boîte de nuit de la région, et ils m'ont jamais payé." Espérons au moins que cette aventure ait rapproché père et fils, car leurs liens s'étaient un peu distendus ces derniers mois. "Et je peux déjà vous dire que son mariage va être aussi un fiasco, parce que faudrait pas qu'il vienne se pavaner devant moi avec sa copine, alors que je suis divorcé depuis quinze ans", conclut Thierry Roche, comme une prophétie autoréalisatrice.

ÉCONOMIE

LA 1RE ÉDITION DE *LOL : QUI PAIE SES IMPÔTS EN FRANCE, SORT !* DÉBARQUE SUR PRIME VIDÉO

Après le succès de *LOL : Qui rit, sort !* et la sortie de *LOL : Qui crie, sort !*, c'est au tour d'un tout nouveau spin-off de voir le jour sur Prime Vidéo : *LOL : Qui paie ses impôts en France, sort !*.

C'est un casting 5 étoiles que Prime Vidéo a choisi de mettre à l'honneur dans son tout nouveau spin-off de *LOL : Qui rit, sort !*. Florent Pagny, Jeff Bezos, Gérard Depardieu, ou encore Patrick Pouyanné, PDG de TotalEnergies, pas moins de dix célébrités qui vont devoir s'affronter dans des épreuves délirantes pour pousser leurs adversaires à commettre l'irréparable : payer leurs impôts en France. "Cette nouvelle édition est déjà historique, prévient Philippe Lacheau, toujours aux manettes de l'émission. On a réuni des pointures de la fraude fiscale. Les

"À L'HEURE OÙ JE VOUS PARLE, ON EST DÉJÀ À 46 ÉPISODES ET IL N'Y EN A PAS EU UN SEUL D'ÉLIMINÉ…"

mecs sont des machines. Je peux pas trop vous en dire mais ça a été très difficile de les faire craquer ! À l'heure où je vous parle, on est déjà à 46 épisodes et il n'y en a pas eu un seul d'éliminé… Ça commence à être long…"

Face à l'impossibilité de départager les candidats, la production a finalement décidé de rajouter les mêmes règles qui ont fait le succès de *LOL : Qui rit, sort !* et de *LOL : Qui crie, sort !* : interdiction de rire, mais également interdiction de crier. "À un moment ils nous ont éteint la lumière et lâché un inspecteur du fisc dans le studio, raconte Patrick Balkany, encore sous le choc. J'avais réussi à ne pas éclater de rire devant les montages financiers hilarants de Jeff Bezos, mais là je vous avoue que j'ai pas réussi à ne pas hurler de frayeur", poursuit-il en s'épongeant le front avec un billet de 200 balles. Puis d'ajouter : "Ça m'a valu un carton jaune que j'ai immédiatement fait annuler en offrant à Philippe Lacheau 500 000 € en petites coupures et une villa à Marrakech. Eh, faut être beau joueur !"

Un divertissement qui promet encore du grand spectacle et dont le grand gagnant remportera un chèque exceptionnel de 150 000 € non imposable. Bernard Arnault, quant à lui, a déclaré que s'il remportait cette première saison, il s'engagerait solennellement à "faire don d'au moins 1 % du montant aux Restos du Cœur".

SOCIÉTÉ

LE PAYS TOUT ENTIER DÉCIDE D'ACHETER UN VOILIER ET DE SE CASSER AU PLUS VITE LOIN DE TOUT ÇA

Au vu de l'actualité récente, la totalité du pays a décidé qu'elle en avait assez et a fait le choix d'acheter un bateau et de se casser, genre, là, tout de suite. Reportage.

"Non, c'est bon, allez hop, on se casse", a commenté Alice en lisant les dernières infos sur son téléphone, avant d'aller sur un site de vente acheter un voilier de 11 mètres et de commencer les procédures de déménagement. Même son de cloche chez Camille, 40 ans, qui vient d'acheter un catamaran à l'instant. "On va aller le plus loin possible et sans radio ni télé, voilà, c'est plus possible, maintenant vous comptez rester dans mon chemin ou vous m'aidez à faire les cartons ?" a-t-il demandé à notre journaliste.

"Oui c'est peut-être la solution facile mais bon, là, plus possible, monde de merde, on va aller tous vivre à poil sur nos bateaux, démerdez-vous", ajoute un autre avant d'être immédiatement pris dans un embouteillage de presque 6 000 voiliers sortant de la rade de Brest.

"ON VA ALLER TOUS VIVRE À POIL SUR NOS BATEAUX, DÉMERDEZ-VOUS."

Le Gorafi

NOVEMBRE 2023

5 INCOHÉRENCES HISTORIQUES DANS LE NAPOLÉON DE RIDLEY SCOTT

Alors que le dernier film de Ridley Scott sur la vie de Napoléon est pointé du doigt par les spécialistes pour son manque de réalisme historique, retour sur quelques petites incohérences relevées ça et là au sein de l'œuvre.

1. D'après des experts du Premier Empire, plusieurs témoignages de l'époque semblent indiquer que la scène dans laquelle Napoléon Bonaparte décapite un lézard cosmique de 300 mètres de haut au volant d'un gigantesque Mecha samouraï est historiquement fausse. En réalité, Napoléon n'a jamais monté qu'un simple cheval blanc répondant au nom de Feuilletine et le lézard cosmique qu'il combattait mesurait 200 mètres de haut. Soyons précis !

2. Scène clé du film qui nous a tiré les larmes, Napoléon Bonaparte ne serait en réalité jamais tombé amoureux de Mercotte, la célèbre animatrice du Meilleur Pâtissier. En revanche, il aurait bel et bien chopé la chtouille en essayant d'introduire son sexe dans une motte de beurre demi-sel avant d'envahir Moscou. Il faut bien vivre.

3. Non, Napoléon 1er n'a jamais oublié sa carte de fidélité en allant acheter des Danettes au Auchan de Thionville. À propos de ce "pinaillage" des historiens, Ridley Scott déclare : "Il fallait créer un enjeu dramatique permettant de cerner la personnalité complexe de Napoléon. Quoi de mieux que de ne pas pouvoir profiter d'une promotion de -15 % sur des yaourts pour expliquer ses pulsions de guerre ? Tout ? Je note."

4. D'après de nombreuses sources historiques, il semblerait que la catchphrase de Napoléon n'était pas "*Damn* les gens, c'est Napo et c'est un PLAISIR de vous retrouver aujourd'hui !"

5. Napoléon n'a pas été exilé sur l'île de Sainte-Hélène le 14 octobre 1815 comme annoncé dans le film mais le 15… Affligeant.

POLITIQUE

LES 10 DATES CLÉS DE L'AMITIÉ ENTRE LES JUIFS ET LE RN

UN ANCIEN ÉLÈVE DE SCIENCES-PO DIT QU'IL A FAIT SCIENCES-PO SEULEMENT 67 FOIS PAR JOUR

C'est un chiffre qui fait couler beaucoup d'encre parmi les alumni de Sciences-Po Paris. Vladimir Aulet, diplômé en 2014 d'un master en affaires publiques, ne répèterait que 67 fois par jour avoir suivi ce cursus à la prestigieuse université.

"Généralement, les étudiants ayant suivi cette formation le répètent en moyenne 193 fois par jour, voire plus de 200 fois s'ils ont un after work ou un repas de famille. Alors 67… Ce n'est pas sérieux, détaille son amie Laura Bohringer. Moi-même j'ai fait Sciences-Po il y a dix ans et je le répète 112 fois par jour. J'ai fait Sciences-Po Lille", ajoute-t-elle.

"ET JE VOUS DIS ÇA EN TANT QU'ANCIEN DE SCIENCES-PO. SCIENCES-PO PARIS PLUS PRÉCISÉMENT."

"Le minimum quand on sort de Sciences-Po, c'est de le répéter à l'envi à des gens qui ne vous ont rien demandé et de l'écrire en Arial 18 sur son CV, abonde le directeur de l'établissement, Mathias Vicherat. Sinon c'est manquer cruellement d'esprit corporate. Et je vous dis ça en tant qu'ancien de Sciences-Po. Sciences-Po Paris plus précisément."

Le cas de Vladimir est pourtant loin d'être isolé. Aujourd'hui, seulement 75 % des élèves diplômés de Polytechnique répètent plus de 100 fois par jour "avoir fait l'X", contre 90 % il y a dix ans, un chiffre qui chute même à 60 % chez les anciens de HEC. "Et seulement 3 élèves diplômés sur 4 dansent encore la choré de sa liste BDE en soirée", déplore la direction.

LOISIRS

UNO - LE JEU ANNONCE L'ARRIVÉE D'UNE CARTE 49.3 POUR CONTRER UN +4

Le géant du jeu de cartes Uno a officialisé l'arrivée d'une nouvelle carte joker capable de contrer les pires attaques : la carte 49.3

Les joueurs en rêvaient, Uno l'a fait ! Désormais, pour contrer les infâmes +4 de vos amis, vous pourrez sortir une carte 49.3 qui annule tout. "C'est une super nouvelle, en tant que Français addict au Uno, je dis merci Mattel", nous raconte Eliott, un aficionado fou de joie. La société de jeu Mattel a expliqué en conférence de presse vouloir adapter au mieux leur jeu au quotidien de ses joueurs. Ainsi, la carte 49.3 ne sera disponible qu'aux jeux édités en France. "Le 49.3 est un pur produit français, explique Enguerrand Portier, attaché de presse de Mattel. On trouvait ça normal d'offrir au peuple les mêmes pouvoirs que ceux qui les gouvernent. Et pour plus de réalisme, nous en avons glissé une vingtaine dans le paquet." À la question de savoir si cette carte ne risque pas d'enlever le plaisir aux joueurs et de fausser la partie, la société est formelle : "Non, car il ne s'agit que d'un jeu, et puis c'est pas comme s'ils pouvaient utiliser cette carte dans leur vie de tous les jours", conclut-il en riant.

TRAVAIL

IL PROFITE DU BRAINSTO DANS L'OPEN SPACE POUR SE FOCUS SUR LA STRAT CORPO ET FINIT SON BENCH JUSTE AVANT LA DEADLINE

"DEPUIS QUELQUES SEMAINES, GRÂCE À MES INSIGHTS, ON ME CONFIAIT DE PLUS EN PLUS D'INPUTS."

C'est une histoire quelque peu farfelue qui s'est déroulée ce matin dans les bureaux d'une startup lyonnaise. Récit.

Martin V., 22 ans, est Chief Assistant Marketing Projects Executive Trainee Advisor Officer dans une startup lyonnaise. Malgré son jeune âge, son chef, le Chief Marketing Projects Executive Trainee Advisor Officer, lui donne de plus en plus de responsabilités pour l'impliquer dans les projets de la boîte, ce qui n'est pas pour déplaire à Martin. "Depuis quelques semaines, grâce à mes insights, on me confiait de plus en plus d'inputs, nous explique-t-il. Donc quand on m'a confié le bench de la strat corpo, j'étais trop content." Martin s'est donc vu confier la mission de pondre le bench de la nouvelle strat' marketing corpo de la boîte. Une mission réalisée avec succès grâce aux brainstos organisés dans l'open space. "Ça m'a permis d'être focus sur le pitch pour proposer la strat' de dev full-stack la plus pertinente. C'était chaud niveau deadline, mais j'y suis arrivé."

À la suite de ce succès, Martin s'est vu confier une nouvelle mission par sa boîte : gérer l'onboarding des nouveaux leads de growth hacking de la boîte.

AMITIÉ

ELLE REGRETTE IMMÉDIATEMENT D'AVOIR DIT À SON AMIE QU'ELLE SERAIT LÀ POUR ELLE SI BESOIN

Bray-Dunes – Sophie, 29 ans, a tenté de réconforter son amie Alicia en disant qu'elle serait là pour elle. Une décision qu'elle a tout de suite regrettée.

"Je ne sais pas ce qui m'a pris, je voulais être gentille et je n'ai pas du tout réfléchi au fait que ça impliquait de m'investir émotionnellement dans cette amitié", raconte Sophie, qui a récemment pris conscience qu'elle ne pensait pas du tout ce qu'elle disait et qu'elle ne tenait pas tellement que ça à son amie. "Le pire, c'est qu'elle m'a tout de suite fait comprendre qu'elle allait profiter de mon offre. Ça fait trois jours et je suis maintenant complètement piégée à l'intérieur de ses besoins émotionnels, et je crois même qu'elle m'a dit que j'étais une 'vraie amie'."

"J'AI PEUR D'AVOIR MALENCONTREUSEMENT FORMÉ UNE NOUVELLE AMITIÉ AVEC UNE PERSONNE PROFONDÉMENT ININTÉRESSANTE."

“Cela me fait tellement plaisir d’avoir une amie proche sur qui je peux toujours compter”, confie Alicia qui a interprété l’offre de Sophie comme de l’altruisme. “Je sais que si j’ai besoin de l’appeler au milieu de la nuit car je pense trop à mon ex, elle sera là pour m’écouter”, poursuit-elle à propos de Sophie alors qu’elles sont “plutôt des connaissances”, selon cette dernière.

“J’ai peur d’avoir malencontreusement formé une nouvelle amitié avec une personne profondément inintéressante”, ajoute Sophie, qui est actuellement en train de soufrir des conséquences de son hypocrisie.

Selon un proche, Sophie aurait récemment “commis un acte moralement répréhensible et extrêmement illégal” après avoir promis qu’elle ferait “n’importe quoi pour elle”.

SOCIÉTÉ

UN ENFANT REÇOIT UNE PS5 POUR SON ANNIVERSAIRE ALORS QU’IL AVAIT DEMANDÉ LA PAIX DANS LE MONDE

Théophile, 10 ans, a vécu une immense déception lors de son anniversaire ce lundi. Alors qu’il avait demandé la paix dans le monde, sa mère lui a offert une PlayStation 5.

“Ma maman n’a-t-elle donc aucune conscience ?” se demande Théophile, qui se sent incapable de célébrer le cap des 10 ans depuis qu’il a découvert que sa mère a préféré lui offrir une console de jeux vidéo plutôt que d'éliminer toute la violence dans le monde. "J'ai toujours soupçonné que ma maman était matérialiste, mais quand même, là je ne reconnais même plus la personne qui m'a mis au monde, poursuit Théophile plein de colère dans les yeux. Le sort des Ouïghours en Chine, elle s'en tape ? Et tout ce qu'il se passe au Moyen-Orient, ça n'a aucune importance pour elle ? Ne parlons même pas de la guerre en Ukraine et de Julien en 6e qui me harcèle tous les matins à l'école."

"MA MAMAN N'A-T-ELLE DONC AUCUNE CONSCIENCE ?"

"Je lui avais dit que c'était pas réaliste de demander la paix dans le monde, c'est pour ça que je lui avais suggéré de plutôt demander à maman de mettre fin au réchauffement climatique, mais il n'a pas voulu m'écouter", raconte Sarah, sa sœur âgée de 9 ans. Pourtant, la maman de Théophile et Sarah a tout essayé afin de lui donner le cadeau qu'il espérait. "J'ai fait une grève de la faim au Yémen et j'ai organisé une manif à Mogadiscio, mais c'est jamais assez pour ce petit con", confie-t-elle.

Pour les fêtes de fin d'année, Théophile espère néanmoins convaincre le père Noël de mettre fin au trafic d'êtres humains.

PEOPLE

VOTRE MÈRE VIENT D'AVOIR VOTRE TANTE AU TÉLÉPHONE ET APPAREMMENT VOTRE COUSIN VA SE MARIER

Votre mère vient à l'instant de raccrocher avec votre tante Bénédicte au téléphone et celle-ci a une heureuse nouvelle à vous annoncer : votre cousin François-Xavier devrait se marier en septembre prochain dans le Luberon avec Héloïse, sa petite amie de la fac.

Une excellente nouvelle pour vous et toute la famille mais surtout pour votre cousin François-Xavier, que vous avez croisé pour la dernière fois en 2007 à Noël, et sa copine Héloïse dont vous n'aviez jamais entendu parler mais qui, si l'on en croit votre mère, a fait des études de droit à Lyon avant de se reconvertir dans l'hôtellerie peu avant ses 30 ans, "une voie dans laquelle elle se sent plus épanouie", selon votre tante.

Si rien ne laisse penser que vous serez invités au mariage, l'annonce de cette nouvelle a soulevé beaucoup d'enthousiasme chez vos parents, qui vous ont suggéré d'envoyer un SMS pour féliciter votre cousin et de l'inviter à boire un café lors de son prochain passage en ville avec ses sœurs Éléonore et Marie-Camille âgées de quelques années de plus que vous, et croisées il y a seulement treize ans lors d'un apéro en famille.

VOTRE COUSIN FRANÇOIS-XAVIER DEVRAIT SE MARIER EN SEPTEMBRE PROCHAIN DANS LE LUBERON AVEC HÉLOÏSE, SA PETITE AMIE DE LA FAC.

Ravie de cette nouvelle, votre mère a ensuite suggéré l'idée d'une cousinade au mois de janvier prochain durant laquelle vous aurez aussi l'occasion de croiser votre cousine issue de germain Gwendoline dont votre mère vous a parlé lorsqu'elle a terminé sa thèse en 2015, et votre oncle Philippe dont vous ne savez rien si ce n'est qu'il a travaillé dans les télécoms dans les années 2000.

MONDE

BLACK FRIDAY – ELLE FAIT L'AFFAIRE DU SIÈCLE EN CLIQUANT SUR "SUPPRIMER MON PANIER"

Comme chaque année, des millions de Français profitent du Black Friday pour faire de super affaires. Lucie V., elle, a fait l'affaire du siècle. Rencontre.

Black Friday, c'est une tradition venue tout droit des États-Unis pour faire de super affaires et contribuer à développer notre société consumériste. Comme chaque année donc, c'est l'occasion de faire des "good deals" comme a pu le faire Lucie V., étudiante, qui nous explique :

"Comme chaque année, je me suis connectée au site Amazon et sans surprise, y avait de super deals. J'ai donc sélectionné un aspirateur avec fil à -60 % au cas où mon aspirateur sans fil tombe en panne. J'ai aussi pris un tapis de yoga à -20 % pour le jour où je me motive à faire du yoga, et des jeux vidéo à -50 %. Bon j'ai pas encore la console, mais peut-être l'année prochaine."

Une fois son panier plein de bonnes affaires et de grosses ristournes, l'étudiante s'apprêtait à payer quand soudain elle a découvert un bouton qu'elle n'avait jamais vu auparavant. "J'ai vu un petit logo amusant et j'ai cliqué dessus. Tout d'un coup, mon panier s'est vidé et le montant de mes achats est passé à 0 €, j'ai ha-llu-ci-né. Meilleur deal !"

La flemme de recréer un nouveau panier et de faire de nouvelles emplettes l'a emporté et Lucie n'a finalement rien acheté lors du Black Friday. Aujourd'hui, elle donne des formations de suppression de panier à d'autres acheteurs compulsifs.

L'HOMME QUI TENAIT LE RESTAURANT "PHÔ PAS S'EN FAIRE" EN BANLIEUE DE SAINT-ÉTIENNE N'ÉTAIT PAS VRAIMENT VIETNAMIEN

C'est une terrible déception pour les clients du "Phô pas s'en faire", un restaurant situé en banlieue ouest de Saint-Étienne et spécialisé dans le service de soupes tonkinoises et de sandwichs bánh-mi : ils ont récemment appris que son patron, Yves Tessier, n'était pas originaire du Vietnam mais d'Aubervilliers.

"JE VIENS TOUS LES MARDIS À LA PAUSE DÉJEUNER POUR ME RÉGALER D'UN BON 'CHILI CON CAR'NEM', D'UN MENU 'C'EST PAS BÔ-BUN LA VIE ?' OU DE LEUR FORMULE À EMPORTER, LE 'QUAND PHÔ Y ALLER'."

"Le 'Phô pas s'en faire' c'est une institution, déplore Marc-Olivier, un client de longue date. Depuis quinze ans, je viens tous les mardis à la pause déjeuner pour me régaler d'un bon 'Chili con car'nem', d'un menu 'C'est pas bô-bun la vie ?' ou de leur formule à emporter, le 'Quand Phô y aller' (8,90 €, seulement les midis en semaine). Alors découvrir qu'Yves ne vient pas de Hanoï, je le vis comme une trahison."

Une déception d'autant plus grande pour les fidèles que tout dans l'enseigne laissait penser que le patron était un Vietnamien pure souche, entre la présence de guirlandes de dragons en papier au plafond, de chapeaux coniques mis à disposition des clients ou encore de la playlist "100 % Chinese Music" du compte Spotify d'Yves. "Sans compter qu'il portait toujours un kimono et s'exprimait avec un fort accent", ajoute Marc-Olivier.

Ce n'est pas la première fois que les habitants de Saint-Étienne se heurtent à ce genre de déception culinaire. Au mois de mai dernier, ces derniers avaient été sous le choc en découvrant que Murielle Cachou, la patronne du restaurant italien "Illico Pesto" n'était pas romaine mais originaire d'Épernay.

SOCIÉTÉ

ELLE DIT QUE LA VIE EST NULLE ALORS QU'ELLE PEUT MANGER DES CHOCO TRÉSOR TOUS LES JOURS SI ELLE LE VEUT

"J'EN AI MARRE DE CETTE VIE DE MERDE PLEIN DE PROBLÈMES, ÇA NE S'ARRÊTE JAMAIS ET JE VIENS À PEINE D'ENTRER DANS L'ÂGE ADULTE."

Noémie, 20 ans, se plaint régulièrement des difficultés de la vie de tous les jours alors qu'elle est libre de manger quotidiennement autant de bols de Choco Trésor qu'elle le souhaite.

"J'en ai marre de cette vie de merde pleine de problèmes, ça ne s'arrête jamais et je viens à peine d'entrer dans l'âge adulte", explique Noémie, qui ne semble pas se rendre compte qu'elle a la liberté de consommer des céréales succulentes tous les jours et qu'il n'y a personne pour l'arrêter. "Mon travail déprimant, les mecs, les amitiés qui disparaissent avec le temps, c'est juste super stressant et je pensais franchement qu'être adulte serait un peu plus amusant que ça", poursuit-elle en regardant la vie du côté négatif alors qu'elle pourrait marcher jusqu'au supermarché, à trois minutes de chez elle, acheter vingt-cinq boîtes de Choco Trésor de n'importe quelle variété, du lait, et se goinfrer dans son lit dix minutes plus tard en regardant dix épisodes d'une série sur Netflix. En plus de cela, personne ne serait là pour mettre une limite au nombre de calories qu'elle consomme.

"Décidément, je ne la comprends vraiment pas, explique Tatianna, la sœur trentenaire de Noémie. Elle est grande maintenant, elle devrait se rendre compte qu'elle peut faire ce qu'elle veut et que ses décisions n'auront strictement aucune conséquence."

Après vérification, nous pouvons confirmer que rien de tout ça ne serait illégal, et que si elle souhaitait ne le dire à personne, il n'y a absolument rien qui la forcerait à divulguer ce qu'elle fait dans son intimité.

SOCIÉTÉ

IL MET UN COQUILLAGE À SON OREILLE ET ENTEND OLIVIER DE KERSAUSON L'INSULTER

Brest – Alors qu'il venait de poser un coquillage sur son oreille pour entendre la mer, Victor, 24 ans, a été surpris d'entendre la voix d'Olivier de Kersauson l'insulter copieusement. Récit.

"IL ÉTAIT ÉNERVÉ. IL M'A TRAITÉ DE CONNARD. DE PEIGNE-CUL."

C'est un jeune homme encore sous le choc que nous avons retrouvé dans son petit appartement de la banlieue de Brest. "Je me baladais sur la plage de Kerhornou quand j'ai aperçu un gros coquillage posé au bord de l'eau", nous confie Victor Meunier, 24 ans. "Je me suis dit que j'allais le coller à mon oreille pour entendre le bruit des vagues, mais au lieu de ça c'est la voix d'Olivier de Kersauson qui a retenti dans mon tympan, poursuit-il. Il était énervé. Il m'a traité de connard. De peigne-cul. Puis il m'a dit que le jour où les cons auront des cloches, faudra pas que je joue à cache-cache", termine-t-il avant de s'effondrer en sanglots.

Une expérience traumatisante qui a poussé l'Institut océanographique de Paris (IOP) à mener une étude à grande échelle pour quantifier le niveau de dégradation des sons de l'océan dans les coquillages. Après avoir posé une conque sur l'oreille d'un panel de 100 testeurs, les résultats sont sans appel : 28 % d'entre eux affirment avoir entendu le son d'un bateau de Japonais en train de massacrer des dauphins au harpon, 27 % celui d'une tortue verte s'étouffant avec un emballage de Yoco à boire et 55 % la chanson *J'ai le cœur grenadine* de Laurent Voulzy.

Interrogé à sa sortie de l'Assemblée, le ministre de l'Écologie Christophe Béchu a déclaré être "soucieux des sons de la mer que l'on va laisser à nos enfants". Il s'est également engagé à financer la création d'une application mobile baptisée Shell-Sea, permettant d'entendre des sons de vagues tirés des archives de l'INA directement sur son smartphone moyennant la modique somme de 9,99 € par mois.

AMITIÉ

LA "SOIRÉE SANS ENFANTS" SE PASSE FINALEMENT AVEC DES ENFANTS

Une fois de plus, une soirée entre adultes a été gâchée par la présence de plusieurs enfants. Récit.

C'est une nouvelle désillusion pour Florian, concepteur-rédacteur de 31 ans. Depuis plusieurs mois le jeune homme tente d'organiser une soirée "sans enfants" avec ses amis nouveaux parents : "Ça semblait être un projet fou et pourtant à coups d'appels, de groupes WhatsApp et de Doodle, on avait réussi à organiser une soirée comme avant ! Jusqu'à ce que Julien nous dise une heure avant que la baby-sitter était malade et qu'il devait venir avec sa fille. Élodie a dit la même chose pour son fils. Fab et Julie pareil avec leurs jumeaux. J'ai vu des semaines de travail s'effondrer sous mes pieds", soupire-t-il.

"Ce soir-là j'ai vécu l'enfer. On pouvait pas parler trop fort pour ne pas les réveiller. On a dû éviter des sujets pour ne pas les choquer. De toute façon personne ne parlait, tout le monde faisait des bruits bizarres au-dessus des berceaux et se battaient pour leur donner le biberon, raconte-t-il. Ils ont tous oublié que si on s'appréciait tant avant, c'est parce qu'on faisait des choses très éloignées du monde de l'enfance,

SELON UN SONDAGE DE L'INSEE, 9 AMITIÉS SUR 10 NE RÉSISTENT PAS AU 2E ENFANT.

comme boire de l'alcool, consommer de la drogue ou parler d'immobilier."

Selon un sondage de l'INSEE, 9 amitiés sur 10 ne résistent pas au 2e enfant. Le président de l'institut de sondage nous confirme que 7 amitiés sur 10 ressuscitent au divorce de ces même personnes : "La garde partagée, c'est le moment de la vie où les parents retrouvent leurs amis et abandonnent l'idée d'en finir. Finalement, tout est bien qui finit bien !"

TRAVAIL

PÔLE EMPLOI VA PROPOSER 5 000 POSTES DE MÉDIATEURS DANS LA BANDE DE GAZA

C'est un coup de pouce bienvenu pour le marché du travail, et pour des milliers de chômeurs : Pôle Emploi va proposer dans les jours prochains pas moins de 5 000 nouveaux postes de médiateur. Déployés dans la bande de Gaza, ces employés (en CDD de quatre mois reconductible) devront régler une bonne fois pour toutes le conflit israélo-palestinien.

"On est ouverts à tous types de profils. Les débutants comme les confirmés, les jeunes comme les séniors !", explique avec enthousiasme Muriel Perrin, chargée de l'opération "L'important c'est d'aimer", lancée par le ministère du Travail. “Le travail du médiateur social consiste à renouer une communication, un espace d’écoute et de dialogue entre des personnes en conflit. C’est le cas chez ces Israéliens et Palestiniens qui ne s’entendent plus depuis des années ! Personne n’y avait pensé avant, mais si les médiateurs réussissent à réconcilier des voisins qui se crêpent le chignon, pourquoi pas ces deux peuples ?”

S’ILS SONT REÇUS, ILS SERONT DÉPLOYÉS LA SEMAINE SUIVANTE DANS CE QUI RESTE DE LA BANDE DE GAZA POUR CALMER LES ESPRITS.

Les candidats devront passer un entretien téléphonique de cinq minutes avec un recruteur, qui évaluera s’ils sont aptes à garder leur sang-froid en cas de bombardement. S’ils sont reçus, ils seront déployés la semaine suivante dans ce qui reste de la bande de Gaza pour calmer les esprits. Le salaire est basé sur le SMIC mais il y a une part de variable : “Il y a un bonus de 10 euros brut par réconciliation effectuée dans la zone. Un bonus non négligeable par les temps qui courent ! précise Muriel Perrin. C’est une belle opportunité pour les chômeurs qui souhaitent se réinsérer dans la société. Et puis, c’est un job au soleil !” Si tout se passe comme prévu, le conflit israélo-palestinien devrait se régler avant le printemps de l’année prochaine.

Le Gorafi

DÉCEMBRE 2023

GABRIEL ATTAL : "LES ÉLÈVES QUI LOUPERONT LEUR BREVET REJOINDRONT DÉSORMAIS LE FRANCE TRAVAIL JUNIOR"

Le ministre de l'Éducation nationale a annoncé que les élèves qui n'obtiendront pas le DNB rejoindront le tout nouveau France Travail Junior. Reportage.

Gabriel Attal a annoncé une série de mesures pour relever le niveau global des élèves français : des classes de niveaux, le redoublement décidé par les enseignants, mais aussi la création d'un Pôle Emploi Junior, bientôt renommé France Travail Junior, une succursale de France Travail censée accueillir les mineurs que l'Éducation nationale aura décelés comme futurs chômeurs.

FRANCE TRAVAIL JUNIOR, UNE SUCCURSALE DE FRANCE TRAVAIL CENSÉE ACCUEILLIR LES MINEURS QUE L'ÉDUCATION NATIONALE AURA DÉCELÉS COMME FUTURS CHÔMEURS.

À notre micro, le ministre de l'Éducation nationale a donné plus de détails : "Les élèves qui obtiendront moins de 8 de moyenne au DNB iront chez France Travail Junior, où ils seront formés à l'alternance de petits boulots mal payés et aliénants, avec des périodes à ne rien faire en attendant de toucher le RSA. Grâce à cette filière, les parents d'élèves, chômeurs eux aussi, auront enfin le niveau pour aider leurs enfants à faire leurs devoirs."

Après la loi sur l'abaya, le Rassemblement national a de nouveau félicité Gabriel Attal pour son travail : "Le Rassemblement national se réjouit de la création de cette filière qui permettra de confier les métiers sous tension à des Français de souche [...] et nous aidera à rajeunir encore un peu plus notre électorat."

LOISIRS

APRÈS SPOTIFY, PORNHUB LANCE ÉGALEMENT SA RÉTROSPECTIVE À PARTAGER AVEC VOS AMIS SUR LES RÉSEAUX

Le célèbre site pornographique Pornhub s'est inspiré de l'application de streaming Spotify et propose désormais une rétrospective 2023 à ses utilisateurs.

C'est avec un grand sourire que le patron du site pornographique Pornhub, Salomon Friedman, nous reçoit dans son bureau pour nous parler de la fameuse rétrospective de l'année : "Je ne sais pas pourquoi on n'y a pas pensé plus tôt ! Ça cartonne sur Spotify, on devait le faire avec Pornhub. Car regarder du porno, c'est comme écouter de la musique ; c'est un plaisir solitaire, on n'assume pas forcément ses goûts en public, mais quand on a un coup de cœur, on adore en parler à ses amis !" nous lance le PDG canadien.

"FRANCHEMENT, ÇA FAIT PLAISIR DE SE REPLONGER DANS SES COUPS DE CŒUR DE L'ANNÉE !"

En effet, depuis quelques jours, nous voyons, comme pour celles de Spotify, de nombreux profils Instagram partager leurs rétrospectives Pornhub de l'année 2023. L'occasion de découvrir les goûts parfois surprenants ou éclectiques de ses amis. Des partages qui divisent cependant, car un employé d'Instagram nous informe que jamais autant d'utilisateurs ne se sont désabonnés d'autres comptes en si peu de temps.

En France, le phénomène est énorme : "Franchement, ça fait plaisir de se replonger dans ses coups de cœur de l'année ! s'exclame Maxime, amateur de porno de 32 ans. C'est vrai qu'en février j'ai eu une grosse période Brazzers. C'est le meilleur studio, la qualité vidéo est top, les acteurs et actrices performants et en coulisse tout est clean. J'adore ! Vraiment bravo Pornhub ! Bon, ma copine m'a quitté quand elle a vu mon 'top 5 vidéos de l'année', mais que voulez-vous, on ne peut pas obliger les gens à être ouverts d'esprit. Elle en a vomi, vous vous rendez compte ? Je suis bien content de ne plus vivre avec une réac pareille !"

SOCIÉTÉ

L'HOMME VICTIME DE RACISME ANTIBLANC VIENT D'OBTENIR UN CDI ET DE SIGNER LE BAIL D'UN APPARTEMENT

Un homme victime de racisme antiblanc depuis sa naissance a créé l'événement en signant un CDI et en achetant un appartement, malgré sa couleur de peau. Enquête.

C'est une belle histoire qui s'est déroulée à Nantes. Baptiste, chômeur de 34 ans, a réussi un exploit qui donne de l'espoir quant à l'évolution des mentalités dans notre société : "Je viens d'obtenir un CDI dans une banque ! Et la même semaine, une agence m'a fait confiance pour signer mon premier bien immobilier ! Sans CV anonyme. Rien ! Le patron de la banque m'a vu en entretien, l'agent immobilier aussi… et pourtant, c'est passé. C'est incroyable. Ils n'en ont rien eu à faire de ma couleur de peau. Comme quoi, les mentalités évoluent ! J'ai envie de dire : '*I have a dream*'", s'exclame le jeune homme, en mettant un genou à terre, conscient du grand pas que cela représente pour la communauté blanche, si malmenée chez nous.

"J'AI ENVIE DE DIRE : *'I HAVE A DREAM'*."

Après avoir appelé sa femme et ses proches, Baptiste se pose avec nous pour nous parler de son expérience de la différence de couleur de peau, qui l'a tant fait se sentir rejeté : "Je suis blanc, ça se voit, je ne peux pas le cacher. Et depuis que je suis petit, je sens que ça m'est reproché. C'est un secret pour personne, la France est un pays où la peau blanche pose problème. Tous les Blancs vous le diront ! Vous voyez bien dans les publicités, ou sur Netflix : les Blancs dérangent. Et ce, depuis toujours. La France est un pays raciste, il faut oser le dire. Il ne fait pas bon être blanc en France encore en 2023."

Visiblement touché, Baptiste nous parle de ses espoirs pour l'avenir : "Je crois qu'on avance dans le bon sens. Un jour, nous aussi les Blancs on aura les mêmes droits que les autres. On aura accès aux mêmes métiers précaires. Aux mêmes contrôles de police violents. Aux mêmes refus à l'entrée des boîtes de nuit. Mais, pour l'instant, on est loin du compte. Heureusement que des penseurs comme Éric Zemmour, Marion Maréchal ou même Bruno Retailleau osent mettre des mots sur ce mal qui ronge la France", termine Baptiste, les larmes aux yeux.

PEOPLE

CLIQUE S'ACCORDE UNE IMMENSE FÊTE DANS SES LOCAUX POUR CÉLÉBRER LE CAP DES 12 TÉLÉSPECTATEURS

Ce soir-là, ils étaient huit fois plus nombreux que le nombre de téléspectateurs qu'ils fêtaient. Un cap que Mouloud Achour et ses équipes ont célébré avec un grand cocktail, des feux d'artifice, des chippendales et des tigres du Bengale dans les locaux flambant neuf de Canal Plus à Issy-les-Moulineaux.

"C'est la récompense de beaucoup de travail, de résilience, pas seulement de ma part mais aussi de toutes les personnes qui travaillent chaque jour d'arrache-pied pour apporter une actualité culturelle décalée à une dizaine de téléspectateurs fidèles", s'est félicité le présentateur avant de passer un coup de fil à son cousin germain pour le remercier d'avoir regardé l'émission la veille.

Fort de ce succès, les rêves les plus fous sont désormais autorisés pour Clique et ses équipes. "J'en ai l'intime conviction, 2024 sera l'année des vingt téléspectateurs", a déclaré solennellement Mouloud Achour devant toutes ses équipes en levant une coupe de champagne devant un écran comptabilisant en temps réel la PDA de l'émission. "Il suffit pour ça qu'on regarde tous l'émission, on peut y arriver."

En coulisses, certains s'inquiètent que ce succès d'audience ne monte à la tête du présentateur vedette. Pour rappel, lors de la soirée donnée en l'honneur des sept téléspectateurs, Mouloud avait déjà beaucoup fait parler en organisant un concert privé avec Adam Levine, Macklemore et en privatisant la tour Eiffel pour l'occasion.

POURQUOI LA PETITE PHRASE DE MACRON SUR "CES CONNARDS DE FRANÇAIS" FAIT POLÉMIQUE

Depuis quelques années, le débat public est régulièrement agité par de vaines polémiques qui éclipsent les sujets de fond. Celle autour de la phrase malheureuse du Président ne déroge pas à la règle.

Il a suffi d'une seule phrase pour enflammer l'opinion, celle, à peine audible, du chef de l'État à un conseiller juste avant d'enregistrer l'émission C à vous : "Allez, c'est le moment d'aller parler à ces connards de Français." Il n'en fallait pas plus pour provoquer un tollé : relayée d'innombrables fois sur les réseaux sociaux, la vidéo a immédiatement fait polémique et alimenté les thèses les plus complotistes, certains allant jusqu'à affirmer que le Président se préoccupait peu des citoyens. Pour Alain Duhamel, "tout est désormais prétexte au déferlement de la haine anti-Macron, même la réflexion la plus anodine". Brice Couturier ajoute : "Son intelligence en agace plus d'un, cette polémique n'est que le reflet de la jalousie des Français."

POUR ALAIN DUHAMEL, "TOUT EST DÉSORMAIS PRÉTEXTE AU DÉFERLEMENT DE LA HAINE ANTI-MACRON."

Le règne de la censure

Pour Agnès Palombier, enseignante en sociologie à l'université de Rennes, le goût pour la polémique est "une conséquence de l'addiction aux réseaux sociaux et de la dépendance à la dopamine". Elle ajoute : "Le Président aurait pu dire n'importe quoi d'autre, les réactions auraient été exactement les mêmes." Interloqué par l'ampleur de la polémique, Emmanuel Macron a déploré sur X (anciennement Twitter) qu'on ne puisse "plus rien dire", ajoutant cette requête : "Arrêtons une fois pour toutes de diviser ces feignasses de Gaulois réfractaires qui ne sont rien !"

SOCIÉTÉ

GÉRALD DARMANIN SE FÉLICITE DE L'ARRESTATION DU MIGRANT D'EUROPE DU NORD SUSPECTÉ DE PLUSIEURS MILLIONS DE VIOLATIONS DE DOMICILE

Le ministre de l'Intérieur a annoncé ce matin l'arrestation attendue de longue date de l'homme suspecté de plusieurs millions de violations de domiciles chaque année. L'homme serait un migrant originaire de Norvège ou de Finlande.

L'homme, qui a été interpellé par les policiers, circulait dans un couloir aérien réservé aux long-courriers avec, en outre, un véhicule non homologué et transportait de la marchandise non déclarée en douane. "Sans doute le butin de ses millions de home-jackings accumulés au cours des années", a relevé la préfecture de Police dans un post sur X. Durant sa garde à vue, l'individu, relativement âgé, a affirmé qu'il faisait cela "pour les enfants sages mais aussi pour les adultes parfois", une affirmation qui pourrait devenir une circonstance aggravante si elle est retenue par le juge. "Une fois de plus, notre politique a porté ses fruits et les Français pourront passer des fêtes de Noël en toute sécurité sans craindre qu'un individu ne s'introduise chez eux", s'est félicité Gérald Darmanin, toujours présumé innocent.

SOCIÉTÉ

NOËL : FAUT-IL MENTIR À SES ENFANTS OU LEUR RÉVÉLER QUE LE PÈRE NOËL EST UN MÂLE BLANC DE PLUS DE 50 ANS ?

Chaque année, les parents sont confrontés au même dilemme. Faut-il préserver la magie de Noël ou leur révéler que le père Noël n'est qu'un continuateur de la masculinité toxique ? *Le Gorafi* vous répond.

Pour. Oui, il faut s'inspirer de la vie de tous les jours et leur mentir.

Noël est la période du jeu et de l'émerveillement. À quoi bon les traumatiser en leur révélant que le héros qu'ils adulent n'est au fond qu'un vieux libidineux qui trompe la mère Noël dès qu'elle a le dos tourné, mais aussi un validiste spéciste et esclavagiste qui exploite des nains et des rennes ? Ils sont déjà exposés quotidiennement aux écrans, à la pornographie, à la violence, voire à *All I Want For Christmas Is You* de Mariah Carey, il faut absolument les préserver un minimum. Les enfants sont avides de connaissances, laissons-leur le temps de grandir et de se renseigner. Surtout qu'ils adorent poser des questions comme "pourquoi il pleut toujours le 25 ?", "pourquoi je ressemble au voisin ?" ou "pourquoi tonton vient toutes les nuits dans mon lit ?" Alors aidons-les à garder leur innocence.

Contre. Non, il faut, comme Cahuzac, leur dire la vérité "les yeux dans les yeux".

Pour en faire de bons citoyens, il est nécessaire de les conscientiser dès leur plus jeune âge. Le monde est violent, ils seront tôt ou tard conscients que nous vivons dans un monde où nous ne sommes jamais à l'abri d'une guerre, d'une catastrophe naturelle ou d'un tube de Vianney. En outre, il faut les sensibiliser au fait de ne jamais accepter de cadeaux de la part d'un héritier du patriarcat. Surtout si ces derniers sont en plastique et/ou fabriqués avec des matières polluantes et dans des conditions non équitables et non éthiques. Sans oublier que la viande que l'on ingurgite le soir du réveillon contribue grandement au réchauffement climatique. Bref, il faut qu'ils comprennent au plus vite que la meilleure façon de fêter Noël, c'est de ne rien faire.

POLITIQUE

RELAXÉ, ÉRIC DUPOND-MORETTI LANCE UNE ENQUÊTE SUR LES MAGISTRATS QUI L'ONT ACCUSÉ D'AVOIR ENQUÊTÉ SUR DES MAGISTRATS

Maintenant qu'il a été relaxé, le garde de Sceaux a commencé à enquêter sur les magistrats qui l'ont accusé d'avoir enquêté sur des magistrats.

"La justice est un jeu créé par les Romains où à la fin, c'est Dupond-Moretti qui gagne, nous lance le garde des Sceaux avec sa modestie légendaire. Je veux tourner la page de ce procès qui a été une infamie. Comment ont-ils osé m'accuser d'avoir demandé à enquêter sur des magistrats ? Ce n'est pas de ma faute si on m'a donné des informations sur d'anciens ennemis. J'ai rien demandé moi !" grogne-t-il en secouant sa Rolex.

Selon un de ses conseillers, Éric Dupond-Moretti est bien décidé à se venger. Il nous confie que le garde des Sceaux a déjà retiré une forte somme en liquide et mis des montres de luxe de côté pour rémunérer ses informateurs : "Chez certains, ça va être Noël avant l'heure !" ironise un proche du ministre.

Une source qui a préféré rester anonyme nous a confié que Éric Dupond-Moretti était plus remonté que jamais : "Il a confectionné un calendrier de l'avent où, dans chaque case, il y a la photo d'un magistrat et un petit papier avec le nom d'une prison dans laquelle il va essayer de le faire enfermer. C'est inspirant une telle détermination !"

JEAN-LUC MÉLENCHON RÉPONDRA À GÉRARD LARCHER CE SOIR LORS D'UN FREESTYLE DANS PLANÈTE RAP

Le dirigeant LFI a choisi de répondre sur Skyrock au président du Sénat qui lui a dit "Ferme ta gueule" ce matin à la radio. Reportage.

Ce matin, sur RTL, Gérard Larcher n'y est pas allé par quatre chemins quand on lui a demandé s'il avait un message pour Jean-Luc Mélenchon : "Ferme ta gueule", a-t-il lâché, sans hésiter. La France insoumise a immédiatement fait savoir que Jean-Luc Mélenchon allait répondre dès ce soir, lors d'un freestyle de rap, dans l'émission de Skyrock : Planète Rap.

"JUL A ACCEPTÉ DE LAISSER SON MICRO AUTO-TUNÉ À JEAN-LUC MÉLENCHON, LA CLASSE !"

L'animateur de Planète Rap, Fred Musa, nous confie avoir dû chambouler toute sa programmation : "On devait recevoir Jul, mais l'actualité est parfois imprévisible. D'ailleurs Jul a accepté de laisser son micro auto-tuné à Jean-Luc Mélenchon, la classe !"

La station a par ailleurs précisé avoir mis en place un gros dispositif de sécurité autour de ses locaux, comme nous le confirme un député LFI : "Jean-Luc espère secrètement que Gérard Larcher viendra en bas de Skyrock pour régler ça d'homme à homme. Il a aussi déjà écrit ses lyrics avec l'aide de Booba. Vous êtes pas prêts, comme disent les jeunes !" Une autre source nous apprend qu'après avoir entonné un clash d'une rare violence, l'"insoumis" lâchera son micro en disant : "Gérard Larcher : faites mieux !"

SOCIÉTÉ

IL SORT DE DÉPRESSION EN ÉCOUTANT UNE AMIE QUI LUI RECOMMANDAIT DE FAIRE UNE CURE DE MAGNÉSIUM

Cinq ans après être tombé en dépression, Najim Essahli a enfin vu la lumière au bout du tunnel en suivant les conseils d'une amie qui lui recommandait de faire une cure de magnésium.

"Et moi qui pensais que tout était foutu", témoigne le jeune homme, sourire aux lèvres, en flânant sur les quais du canal Saint-Martin, un pull autour du cou. "Pendant longtemps j'ai cru que ma dépression était due à mon licenciement il y a sept ans, au décès de mon père l'an dernier ou à ma petite copine qui s'est barrée avec son prof de tennis cette semaine. Mais non, depuis le début, c'était le magnésium !"

"ET MOI QUI PENSAIS QUE TOUT ÉTAIT FOUTU."

Une belle récompense pour le jeune homme qui avait essayé tous les moyens traditionnels pour s'en sortir. "J'ai entamé une psychothérapie il y a cinq ans, j'ai fait du sport, pris des antidépresseurs et j'ai même été en voyage introspectif au Népal pour m'initier à la méditation et découvrir mon animal totem – la musaraigne… Mais en réalité, tout ce qu'il me fallait c'était quelques gélules de vitamines B6."

Fort de cette victoire, Najim a décidé de venir lui aussi en aide à ses connaissances dépressives pour les aider à sortir de cette mauvaise passe. "Je fais la promotion du magnésium et si ça ne marche pas, je les encourage à boire un bon verre de jus d'orange chaque matin et à toujours prendre la vie du bon côté !"

SOCIÉTÉ

LA SOIRÉE DÉCOLLE APRÈS QUE QUELQU'UN A EMPLOYÉ LES MOTS "LOI CARREZ" ET "PARQUET FLOTTANT"

Alors qu'ils étaient invités à dîner chez leurs amis Pascal et Dominique, Bertranne et Pierre-Arnaud ont évoqué le prix du mètre carré dans le 9e arrondissement de Paris. Un sujet qui a immédiatement désinhibé les esprits et permis à la soirée de prendre toute son ampleur.

"Aussitôt qu'on a prononcé les mots 'loi Carrez' et 'parquet flottant', on s'est senti entre nous et on a vraiment commencé à se détendre", se souvient Bertrane avec émotion. "Oubliés le stress de la semaine, les soucis, les galères, on a tout de suite arrêté d'évoquer les sujets convenus comme le sexe et les voyages pour parler de ce qui nous passionne vraiment : l'immobilier", abonde Pierre-Arnaud.

Une fois le sujet abordé, les langues se délient, l'alcool coule à flots et la salle à manger résonne des rires des convives jusque tard dans la nuit. "Le moment d'anthologie, c'est quand on a abordé la hausse de l'apport moyen en Île-de-France. Parce que c'est fou quand on y pense… Ou quand Dominique a montré les échantillons de notre nouvelle moquette à Montrouge !" raconte Pascal.

"LA VIE EST TROP COURTE POUR S'ENNUYER !"

Une fois rentrés chez eux, les convives n'ont pas manqué de remercier chaleureusement leurs hôtes et leur ont aussitôt rendu l'invitation pour un apéro en janvier. "J'espère qu'on pourra parler sans tabou d'autres sujets qu'on évite par pudeur. Comme la crypto, le squash ou les NFTs. La vie est trop courte pour s'ennuyer !" s'enthousiasme déjà Pierre-Arnaud en préparant des diapos de sa dernière randonnée.

SOCIÉTÉ

APRÈS DEUX RELANCES DE L'URSSAF, IL DÉCOUVRE UNE TÊTE DE CHEVAL DANS SON LIT

Alors qu'il devait près de 40 € à l'URSSAF Limousin, Pierrick a eu la mauvaise surprise de retrouver une tête de cheval fraîchement coupée délicatement posée dans son lit. Reportage.

C'est une expérience traumatisante qu'a vécu ce mercredi Pierrick Fougeret, 27 ans. Artiste-auteur depuis près de trois ans, il reçoit en janvier dernier une première lettre de l'URSSAF lui intimant de régler 20 € de cotisations impayées sur l'année 2022. Négligeant de régler ladite somme, Pierrick reçoit rapidement un second courrier majorant la somme à 40,26 €. Un montant, pense-t-il, dérisoire, qu'il oublie également de régler. Ce n'est que mercredi dernier qu'il découvre au beau milieu de la nuit une tête de cheval fraîchement coupée, baignant dans son sang, posée au milieu de ses draps, accompagnée d'un message : "L'URSSAF n'oublie rien…"

Une manœuvre traumatisante qui a poussé l'URSSAF Limousin à s'expliquer. "Cette tête de cheval coupée l'est uniquement à titre prévisionnel, explique Marine Galissant, conseillère AGESSA. C'est la procédure standard qui s'applique à tous les mauvais payeurs, poursuit-elle. D'abord une tête de cheval coupée, puis l'oreille d'un proche envoyée par Chronopost, et finalement obliger l'artiste à creuser sa propre tombe dans le désert avec une pelle rouillée et une gourde vide sous un soleil de plomb. Ce sont les règles."

"C'EST LA PROCÉDURE STANDARD QUI S'APPLIQUE À TOUS LES MAUVAIS PAYEURS."

À la suite de cette expérience, Pierrick a finalement réglé la somme manquante, bien qu'il aurait aimé "un peu plus de souplesse". Une histoire qui se termine bien mais qui n'est pas sans rappeler celle de Geneviève Ganguelot, 49 ans, qui avait retrouvé six corbeaux morts cloués en quinconce sur sa porte après avoir oublié d'actualiser sa situation sur le site de Pôle Emploi.

GÉRALD DARMANIN ANNONCE LA DISSOLUTION DE GÉRALD DARMANIN

Adepte des demandes de dissolution, le ministre de l'Intérieur a demandé la dissolution de lui-même.

Après le groupuscule d'ultradroite La Division Martel et de l'association Academia Christiana, Gérald Darmanin a demandé sur BFMTV "la dissolution de Gérald Darmanin. Cet individu est un groupuscule d'ultradroite dangereux pour la démocratie et la paix dans le pays. Il est urgent de le dissoudre."

"VILAIN GÉRALD ! MÉCHANT GÉRALD ! T'ES NUL GÉRALD ! DISSOLUTION GÉRALD !"

Sous le regard médusé des journalistes de BFMTV, M. Darmanin a continué sa diatribe contre lui-même : "Ouvrons les yeux, Gérald Darmanin diffuse des idées nauséabondes qui mettent à mal l'unité dans ce pays. Sa loi immigration en est le parfait exemple, il n'est là que pour draguer les voix de droite pour affaiblir le RN qu'il tente en même temps de pousser au second tour pour être assuré de gagner en 2027. Et encore, sa loi il n'a même pas réussi à la faire passer. Cet homme est dangereux, je demande donc sa dissolution immédiate !"

Sur le plateau de la chaîne info, le ministre de l'Intérieur s'est ensuite mis à pleurer à chaudes larmes, laissant cois les journalistes face à lui. Gérald Darmanin s'est alors levé de sa chaise et s'est mis à frapper frénétiquement sa tête contre la table du plateau, de plus en plus fort et en criant : "Vilain Gérald ! Méchant Gérald ! T'es nul Gérald ! Dissolution Gérald !" avant que la sécurité ne vienne l'arrêter, alors que son front commençait à saigner abondement. Le ministre est aujourd'hui hors de danger et "en train de se reposer" dans son bureau place Beauvau.

Le Gorafi

JANVIER 2024

BRIGITTE MACRON ASSURERA LA RÉGENCE LE TEMPS QUE GABRIEL ATTAL SOIT EN ÂGE DE GOUVERNER

Quelques heures après avoir nommé Gabriel Attal au poste de Premier ministre, Emmanuel Macron a annoncé que sa femme assurerait la régence en attendant que le jeune Gabriel soit en âge de gouverner.

"Gabriel a beaucoup de talent mais il est évidemment beaucoup trop jeune pour exercer ses fonctions de chef du gouvernement. Brigitte est dans les coulisses du pouvoir depuis près de sept ans, elle saura lui prodiguer les conseils nécessaires à son émancipation", a expliqué le chef de l'État. Si le mot de régence a pu faire réagir les internautes sur la toile, le Président l'"assume totalement" : "Même si nous sommes en République, je préfère parler de régence plutôt que d'intérim, tout simplement car le règne de Jupiter s'apparente davantage, en toute modestie, à celui de Louis XIV qu'à celui de ce pauvre François Hollande."

"BRIGITTE [...] SAURA LUI PRODIGUER LES CONSEILS NÉCESSAIRES À SON ÉMANCIPATION."

Brigitte Macron a déclaré de son côté être "très honorée qu'on [lui] confie la garde du petit Gabriel" et avoir "hâte de lui faire découvrir l'hôtel de Matignon et sa fameuse galerie des 49.3".

De nombreuses réactions

Les réactions à l'annonce de cette nomination ont été nombreuses. Jordan Bardella a dénoncé "le règne de l'entre-soi macronien toujours plus éloigné du peuple" et Jean-Luc Mélenchon a fustigé "la perpétuation de la politique droitière de Macron". Bruno Le Maire a déclaré : "C'est une très bonne transition avant la nomination du candidat à la présidentielle en 2027." On est en revanche toujours sans nouvelles de Sébastien Lecornu et Julien Denormandie.

Quant à Gabriel Attal, il s'est dit "très heureux de la confiance accordée par Emmanuel Macron. Même si j'aurais préféré des Lego ou une PlayStation."

POLITIQUE

AMÉLIE OUDÉA-CASTÉRA : "COMME BEAUCOUP DE FRANÇAIS, JE SUIS OBLIGÉE DE CUMULER PLUSIEURS BOULOTS POUR M'EN SORTIR"

Comme beaucoup de Français dans le besoin, Amélie Oudéa-Castéra a été obligée de prendre un second boulot de ministre pour réussir à boucler les fins de mois difficiles.

"C'est dur, la crise, et puis trois enfants à élever, je n'ai pas le choix vous savez", dit-elle après une très longue journée de travail au ministère de la Jeunesse et des Sports et avant d'enchaîner avec un temps partiel à l'Éducation nationale. "C'est usant, je ne vois plus ma famille, mes week-ends, je fais des stages au ministère de la Culture dès que Rachida Dati démissionne pour rejoindre l'élection municipale de Paris… dit-elle lors d'une courte pause-café réglementaire. Mais j'ai confiance, à un moment je vais monter en grade et je vais avoir mon poste de ministre régalienne rien qu'à moi avec le salaire qui ira avec, et je pourrai alors mettre tout le monde à l'abri", raconte-t-elle à l'issue d'une conférence de presse improvisée interrompue par Gabriel Attal lui demandant un coup de main au ministère de l'Agriculture.

5 CHOSES À SAVOIR SUR L'ÉCOLE STANISLAS

L'école Stanislas, dans laquelle la ministre de l'Éducation nationale Amélie Oudéa-Castéra a placé ses enfants, est au cœur d'une polémique, accusée de véhiculer aux élèves des discours homophobes et sexistes. La rédaction a enquêté et voilà cinq choses à savoir sur l'école Stanislas.

1. La légende dit qu'un jour un pauvre a pénétré dans cette école.

Le physio, chargé de refuser l'entrée à tout individu n'ayant pas des parents PDG ou politiques, aurait été viré sur le champ. Ce brave homme s'était pourtant montré héroïque en frappant violemment un Gilet jaune qui s'était approché trop près de l'école et en jetant des pavés sur un char de la gay pride défilant à quelques mètres.

2. Les élèves lisent les pages saumon du *Figaro* pendant la sieste.

Ils y fument aussi la pipe pendant la récré tout en débattant de la question qui obsède particulièrement les CE2 de Stanislas : "Comment Jésus-Christ peut-il sauver la France du wokisme ?"

3. Un élève a déjà réussi à faire expulser un homme de ménage trop bronzé à son goût.

Le gamin de CP a milité pour l'expulsion de cet homme français d'origine camerounaise "pour que Stanislas reste Stanislas". La direction a tenu à le féliciter et lui a fait sauter une classe dans la foulée.

4. CNEWS y envoie régulièrement des recruteurs pour trouver la future perle rare.

Pascal Praud confie qu'un élève de CE1 pourrait bien faire son arrivée autour de la table de l'Heure des pros dans les prochaines semaines : "J'ai été bluffé quand je l'ai vu tenter une 'théorie de conversion' sur un de ses camarade qui avait un t-shirt rose d'inverti. Pauvre gosse, il avait sans doute eu cette idée en écoutant une émission du service public !"

5. Les petites filles suivent des cours afin d'être de "futures bonnes épouses".

Lors de ces ateliers, elles apprennent à se taire à table pour laisser parler leur mari qui est pourtant aussi diplômé qu'elle. On leur enseigne également à donner des ordres à des employées de maison sans les appeler par leur nom car "humaniser les bonniches, c'est le début du communisme", nous souffle le directeur de l'école.

LOISIRS

STAR ACADEMY – UN ÉLÈVE ÉMEUT LES TÉLÉSPECTATEURS AVEC SA VERSION ACOUSTIQUE DE *LA ZOUBIDA*

C'est un grand moment d'émotion qu'ont vécu les téléspectateurs du dernier prime de la Star Academy lorsqu'un élève a repris le tube *La Zoubida*.

Nikos en a lâché une larme et le jury s'est levé. Samedi dernier, Pierre, candidat de la Star Academy, a bouleversé la France entière avec sa reprise acoustique du tube de Vincent Lagaf' *La Zoubida*. En off, Pascal Obispo, invité de l'émission, n'a pas caché son émotion : "Bravo à Pierre ! Sa voix chevrotante a sublimé les belles paroles de cet hymne à la tolérance."

Dans le public, les fans sont sous le charme, comme Priscilla, 17 ans : "Avec ma famille, cette chanson, on la chante tout le temps à tue-tête à table pour rigoler ou quand ma mère fait des boulettes de viande. L'entendre sur le plateau de la Star Ac c'était symbolique, ça représente tellement pour moi…" nous confie la jeune fille dans un sanglot.

Lors du débrief du prime au château, Pierre garde néanmoins les pieds sur terre : "C'est vrai que j'ai performé, mais je dois être plus exigeant, j'ai un temps de retard quand je chante : 'Mais le scooter Moktar l'avait volé'… Je dois plus recommencer ce genre d'erreur. C'est un monument de la chanson française, un grand texte qui traverse les époques, il faut lui rendre hommage de la meilleure façon possible !" lâche l'élève perfectionniste, avant de s'en aller en chantonnant : "La Zoubida a va s'faire engueuler !"

GABRIEL ATTAL SURPREND TOUT LE MONDE EN ARRIVANT À MATIGNON EN ABAYA

"IL FAUT INTERPRÉTER CE GESTE COMME UNE ODE À LA DISRUPTION AINSI QU'AU 'EN MÊME TEMPS' MACRONIEN."

C'est dans une tenue pour le moins inattendue que le tout nouveau Premier ministre est arrivé ce matin à Matignon. Une tenue qui fait énormément réagir.

Interrogé par BFMTV, Gabriel Attal s'est expliqué : "C'est pour montrer à tous les enseignants que, conformément à ma promesse, je ne les oublie pas. C'est un petit clin d'œil que je leur adresse." Puis d'ajouter : "Je veux aussi rappeler à tous les citoyens que cette interdiction ne vaut que pour l'école. Et je dois avouer que c'est très agréable à porter." Pour Alain Duhamel, "il faut interpréter ce geste comme une ode à la disruption ainsi qu'au 'en même temps' macronien. C'est aussi intelligent qu'astucieux." Le chef de l'État, loin de s'indigner d'une telle initiative, a d'ailleurs salué cette ouverture : "Il faut savoir faire preuve de fermeté et en même temps d'inclusion. Gabriel Attal montre encore une fois qu'il est le meilleur d'entre nous."

Réactions contrastées

Du côté de l'opposition, en revanche, les commentaires sont très différents. François Ruffin fustige : "Comme d'habitude, chez les macronistes, tout n'est que stratégie de com et démagogie. Un Premier ministre ne devrait pas s'habiller comme ça." Jordan Bardella va encore plus loin : "Le macronisme a montré son vrai visage, celui qui aime flatter le communautarisme et dégrader la fonction et la République."

Quant à Bruno Le Maire, encore déçu de ne pas avoir été désigné, il a confié : "Moi aussi je peux être disruptif. Souvenez-vous du débat pour la primaire de la droite et du centre, je n'avais pas mis de cravate !" Puis d'ajouter : "Des amis m'avaient dit 'Alors toi t'as pas froid aux yeux, t'es un vrai déglingo !' Et pourtant, j'avais tenu bon et assumé mon irrévérence jusqu'au bout. C'est ça dont la France a besoin en 2027 !"

5 CHOSES À SAVOIR SUR LE NOUVEAU PREMIER MINISTRE GABRIEL ATTAL

Gabriel Attal vient d'être nommé Premier ministre, et les Français sont en droit de savoir des détails de sa vie. Voici cinq choses à savoir sur Gabriel Attal.

1. Ses céréales préférées sont les Trésor de Kellog's.

Gabriel Attal raffole des Trésor de Kellog's. "Je les trempe dans du lait, et j'attends qu'ils soient un peu mous. J'adore, je me sens surpuissant quand j'en mange." Il peut en dévorer jusqu'à six kilos par jour quand il est en rut.

2. Il a une note de 2,3 sur BlaBlaCar.

Gabriel Attal n'est pas un passager très agréable, selon les usagers de l'application BlaBlaCar. Les avis sont édifiants : "Il passe son temps à parler de lui, il ne sait même pas comment je m'appelle", ou "Il fait beaucoup de doigts d'honneur aux pauvres par la fenêtre". À fuir.

3. Un combat est prévu contre son rival Juan Branco.

Les conditions de ce combat contre l'avocat Juan Branco sont claires, et sont inspirées du film Mad Max III *Au-delà du dôme du tonnerre* : "Deux hommes rentrent, un homme sort." Ce sera donc un combat à mort dans une arène post-apocalyptique (prévu pour 2025).

4. Il a eu la gastro l'année dernière.

Par sa fonction, Gabriel Attal est souvent amené à serrer des mains, et comme il ne se les lave pas souvent, il a attrapé la gastro l'hiver dernier. Selon des sources proches du dossier, il aurait "fait du boucan dans les waters" du ministère, mais personne ne souhaite en dire davantage, car l'omerta règne.

5. Il a gagné 2 euros à un jeu à gratter.

Gabriel Attal a gagné 2 euros en grattant un Astro. Mais il les a immédiatement rejoués et les a perdus dans la foulée. Furieux, il a alors "tout cassé" dans le bar-tabac, et promis de réduire le pays à feu et à sang s'il parvenait à devenir Premier ministre. Aujourd'hui, sa vengeance peut donc enfin s'accomplir.

SOCIÉTÉ

2024 – LA BAC CHANGE DE NOM ET DEVIENT "FRANCE BAVURE"

Après Pôle Emploi qui devient France Travail, changement de nom pour la brigade anti-criminalité (BAC) qui devient désormais France Bavure. Reportage.

C'est un changement de nom qui risque de faire parler de lui. Depuis le 1er janvier 2024, la BAC a décidé de se payer une "refonte" à la hauteur de ses activités. "Il était temps de prendre un nouveau départ", nous confie le brigadier Porta, en matraquant violemment le visage de Tito, un étudiant mexicain de 22 ans. "Aujourd'hui, la BAC a mauvaise presse, regrette-t-il. On nous imagine tout de suite comme des sauvages à la gachette folle, des inconscients qui tirent sur tout ce qui bouge. C'est là qu'on se rend compte que personne ne connaît vraiment notre travail", déplore-t-il, ému, avant de taser les dents de Youssef, 19 ans, en train de siroter un diabolo-fraise à la terrasse d'un café. Puis d'ajouter : "Avec ce nouveau nom, France Bavure, nous allons enfin pouvoir être plus transparents sur nos activités et montrer que si bavures il y a, elles sont réalisées par des professionnels."

Une refonte quelque peu radicale qui perturbe un tant soit peu les usagers. “C’est vrai que c’est déroutant, nous confie Lukas, 25 ans. Nous on a toujours été habitués à taguer ‘NIK LA BAC’ sur les murs. Mais là… ‘NIK FRANCE BAVURE’… Non, c’est plus la même chose”, déclare-t-il dépité, avant de s’éloigner jeter ses bombes de peinture dans une grande benne tout en traînant les pieds.

La BAC, de son côté, a décidé de rassurer les Français. Bien que le nom soit totalement différent, les activités de France Bavure, elles, resteront inchangées. Mieux encore, cette nouvelle structure souhaite prendre exemple sur son homologue France Travail en mettant davantage l’accent sur les contrôles. Une uniformisation qui ne devrait pas s’arrêter là puisque le gouvernement a annoncé que la RATP devrait elle aussi changer de nom prochainement pour devenir France Chaos.

POLITIQUE

GABRIEL ATTAL UTILISE UN 49.3 JUSTE POUR VOIR CE QUE ÇA FAIT

Résolu à expérimenter tous les nouveaux outils à sa disposition, le Premier ministre fraîchement nommé n’a pas tardé pour sortir son premier 49.3 à l’Assemblée nationale.

Moins de vingt-quatre heures. C’est le temps qu’il aura fallu à Gabriel Attal pour utiliser l’article 49.3 après l’annonce de son gouvernement. Une manœuvre que de nombreux observateurs peinent à justifier, évoquant des débats qui ne semblaient pas nécessiter son utilisation hier dans l’Hémicycle.

Pour avancer un semblant de réponse, certains évoquent un désir de se confronter sans attendre au 49.3. “Ce choix semble être motivé par la volonté d’en sentir les effets sur sa propre personne. Élisabeth Borne elle-même parlait d’une sensation de bien-être et de plénitude chaque fois qu’elle en faisait usage”, explique un spécialiste des rites initiatiques pour Premiers ministres.

Selon l’entourage du nouveau Premier ministre, l’article 49.3 semblait exercer, depuis sa nomination, une certaine fascination sur Gabriel Attal . “Depuis plusieurs jours, Gabriel n’est plus le même. Il ne dort plus et il arrive qu’on le surprenne à parler tout seul. C’est comme s’il avait été poussé par une force irrépressible l’incitant à faire usage du 49.3”, décrit un de ses plus proches collaborateurs.

Nombreux sont ceux qui confirment que le 49.3 aurait tourné à l’obsession pour le nouveau locataire de Matignon. Au point de lui avoir donné comme petit nom “mon précieux” et de passer plusieurs heures par jour enfermé dans son bureau pour l’admirer.

LE SECRET DES COUPLES QUI DURENT SERAIT DE DIRE DU MAL DES AUTRES COUPLES

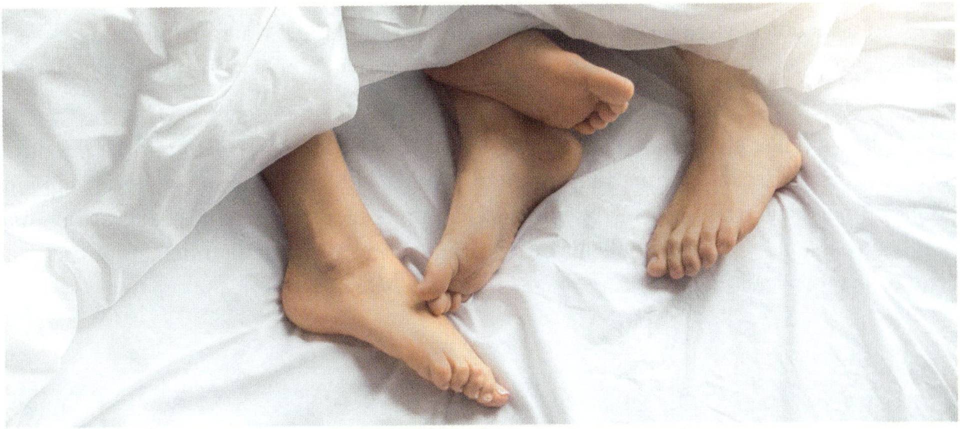

Les couples heureux qui restent unis pendant des décennies fascinent, mais leur secret vient d'être dévoilé par des chercheurs en psychologie de l'université américaine de Stanford. En effet, leur étude, effectuée sur plus de 2 000 couples de longue durée et épanouis, a permis de déterminer que pour qu'un couple dure le plus longtemps possible, il faut impérativement qu'il dise du mal des autres couples de son entourage : collègues, amis, famille, aucun ne doit être épargné.

IL FAUT IMPÉRATIVEMENT QU'IL DISE DU MAL DES AUTRES COUPLES DE SON ENTOURAGE : COLLÈGUES, AMIS, FAMILLE, AUCUN NE DOIT ÊTRE ÉPARGNÉ.

Le professeur Robert Layfield, qui a dirigé l'étude, constate que les critiques peuvent être très variées : "Vous pouvez critiquer les autres couples sur à peu près tout : leur façon de s'habiller, leurs opinions politiques, la voiture qu'ils conduisent, la décoration de leur intérieur, la poussière sur leur meuble TV, les surnoms ridicules qu'ils se donnent comme 'bébé cœur' ou 'boubou', c'est un champ infini ! Bien sûr, les critiques gratuites sur le physique sont les plus efficaces : un double menton, une peau grasse, une odeur de transpiration, n'ayez aucune pitié ! Elles permettent, en rabaissant l'autre, de se sentir mieux dans sa peau, mieux dans son couple."

L'étude précise également que le moment le plus propice aux critiques reste le chemin du retour après une soirée entre amis, particulièrement si ce trajet est effectué en voiture. Le taux de critiques envers les autres couples augmente alors de 215 %, et permet de souder le couple autour de valeurs communes comme la médisance et le commérage. Une étude bienvenue et nécessaire, qui réduira sans doute le nombre de divorces dans les dix prochaines années.

POLITIQUE

ÉLISABETH BORNE DÉMISSIONNE POUR SE CONSACRER À LA CULTURE DE SES 49.3

Élisabeth Borne vient de donner sa démission à Emmanuel Macron, qui l'a acceptée à contrecœur. Cette décision difficile, Élisabeth Borne l'a prise pour une seule raison : se consacrer pleinement à la culture de ses 49.3.

"Il faut les surveiller constamment, les arroser plusieurs fois par jour, et leur diffuser des titres de chanteurs de droite, comme Florent Pagny ou Michel Sardou, pour qu'ils deviennent adultes et puissent être utilisés à l'Assemblée. C'est un boulot à plein temps… et surtout, ma plus belle passion." On souhaite beaucoup de bonheur à l'ancienne Première ministre pour cette belle reconversion.

SOCIÉTÉ

LA SOCIÉTÉ GÉNÉRALE VA AJOUTER UNE MUSIQUE DE SUSPENSE LORSQUE VOUS CONSULTEZ VOS COMPTES LE LUNDI MATIN

S'il leur restait un doute, les clients de la Société générale ont la preuve que celle-ci entend bien se moderniser en 2024. La banque française a annoncé qu'elle ajouterait une petite musique de suspense au moment où vous consulterez vos comptes le lundi matin sur votre téléphone, tablette et ordinateur.

Celle-ci variera en intensité selon vos excès du week-end. "On a acheté les droits pour *Teardrop* de Massive Attack lorsque les dépenses se chiffrent en centaines d'euros et la BO de *Psychose* d'Hitchcock lorsque l'utilisateur passe à découvert. Une musique spéciale composée uniquement de cordes a aussi été enregistrée avec l'orchestre philharmonique de Berlin pour les cas où le client a dépassé son plafond autorisé", explique le concepteur de l'application.

Les utilisateurs se sont eux dits ravis de cette nouveauté. "C'est vraiment super d'avoir une bande-son pour accompagner les mains moites et les gouttes de sueur le long de la nuque", s'enthousiasme Najima. "Il paraît qu'ils vont aussi ajouter du métal comme musique d'attente quand on cherche à joindre un conseiller. C'est parfait pour nous mettre en condition", se réjouit quant à lui Tancrède.

En effet, la Société générale compte bien continuer à innover en 2024. En plus de la musique de suspense lorsque vous consulterez vos comptes, celle-ci diffusera des sirènes d'alarme et une vive lumière rouge pour vous humilier lorsque vous ne pourrez pas retirer à un guichet.

NUTRITION

NUTRITION – LE CORPS DU CHRIST OBTIENT LA NOTE DE 12/100 SUR YUKA

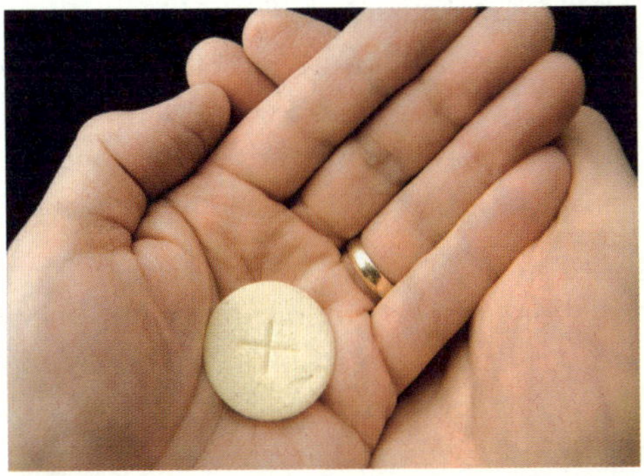

Scandale au sein de l'Église après que l'application Yuka a attribué la note de 12/100 aux hosties. Reportage.

Avec la dernière mise à jour de Yuka, c'est une véritable secousse qui a ébranlé l'Église catholique. Au milieu de produits de grande consommation comme le Rondelé, les gnocchis ou les KitKat, c'est au tour du "Corps du Christ" d'obtenir une note plus que médiocre : 12/100. Un résultat "choquant" pour Lucas Parisot, analyste qualité chez Yuca SAS. "Nous avons retrouvé des traces de gluten, de glucose, et de cholestérol, mais également de douze additifs nocifs parmi lesquels des colorants (E102), de la saccharine (E954), des nitrites (E249, E252), des acides gras désaturés (33 g), de la rouille, de l'alcool (vin rouge) et assez de conservateurs pour que le produit puisse tenir 2 000 ans. Il faut le voir pour le croire !"

Une composition préoccupante que les spécialistes expliquent notamment par un manque d'activité physique de la part de Jésus, en particulier durant son séjour sur la croix, mais également par une alimentation peu variée composée exclusivement de poissons et de pain, et un taux d'alcool dans le sang avoisinant les 100 %.

Depuis cette annonce, ce sont près de 80 % des fidèles qui déclarent être angoissés à l'idée d'en avoir mangé tous les dimanches depuis des années. Une inquiétude légitime que certaines paroisses semblent avoir entendue puisqu'elles auraient déjà remplacé toutes les hosties par des Tuc, atteignant une note bien supérieure de 36/100 sur Yuka.

LE 16 JANVIER 2024, MICHEL DRUCKER TOMBE DANS LE DOMAINE PUBLIC

À PARTIR DU 16 JANVIER 2024, LA LOI FRANÇAISE AUTORISE EN EFFET LA LIBRE EXPLOITATION DE L'IMAGE DE L'ANIMATEUR SOUS QUELQUE FORME QUE CE SOIT.

Après Mickey Mouse, c'est au tour d'une autre figure légendaire du petit écran de tomber dans le domaine public : Michel Drucker.

Alors que France 2 faisait jusque-là très attention à l'utilisation de sa mascotte, Michel Drucker est désormais réutilisable par tous ! À partir du 16 janvier 2024, la loi française autorise en effet la libre exploitation de l'image de l'animateur sous quelque forme que ce soit : livres, mugs, pommeaux de douche, cerfs-volants, taies d'oreiller, assiettes creuses ou encore boudins de portes.

À peine la nouvelle annoncée, les premiers projets mettant en scène le présentateur de Vivement dimanche n'ont pas tardé à être dévoilés. Tout d'abord, un film d'horreur : *Michel Drucker – Night of the Sitting Dead*, un slasher de deux heures et demie dans lequel Michel Drucker, à cheval sur un VTT Go Sport, massacre à grands coups de guidon une bande de jeunes étudiants entre le plateau des Z'amours et celui de Motus.

Ce slasher est prévu pour mars, et Michel Drucker devrait également intégrer le casting du jeu vidéo Mortal Kombat. Il vous sera ainsi possible de vous battre à mort en contrôlant le célèbre animateur de France 2 et de le voir éviscérer, décapiter ou même dévorer d'autres personnages cultes de la saga tels que Scorpion, Sub-Zero ou encore Pompidou.

Enfin, l'éditeur des livres *Martine* a annoncé vouloir sortir prochainement une toute nouvelle collection baptisée “Michel”. Au programme, des aventures trépidantes telles que : *Michel dans son canap*, *Michel dans son sofa* ou encore *Michel sur son pouf*. Une collection qui devrait très bientôt accueillir également les aventures de Michel Sardou, dès qu'il sera tombé lui aussi dans le domaine public à partir du 1er janvier 2025.

Le Gorafi

FÉVRIER 2024

L'HOMME QUI RÉPÉTAIT LES MOTS "GOAT", "DINGUERIE" ET "MASTERCLASS" VIENT D'OBTENIR UN STAGE CHEZ KONBINI

Après avoir répété à plusieurs apéros ainsi que sur Twitter, Instagram, Snapchat, TikTok et en entretien d'embauche les mots "dinguerie" "masterclass" et "goatesque", Jordan Fortes vient de décrocher un stage de six mois chez Konbini.

Une excellente nouvelle que le jeune homme de 24 ans a officialisée avec une story Instagram – "Dinguerie ! Devinez qui rejoint Konbini à partir du 2 mars prochain ?" – ainsi qu'un post LinkedIn : "très heureux de travailler pendant six mois aux côtés du goat Salim Sehili à la créa. Ce directeur de création, c'est masterclass sur masterclass, chacun de ses projets est un banger assuré !"

"QUAND ON A VU CE CV ON S'EST TOUT DE SUITE DIT 'SAH QUEL PLAISIR !'"

Un enthousiasme partagé par la rédaction de Konbini qui accueillera le jeune homme prochainement. "Quand on a vu ce CV on s'est tout de suite dit 'sah quel plaisir !' En plus il avait déjà une première expérience en communication : sérieusement c'est quoi ce poulet ?! Alors on s'est tout de suite regardé avec les RH et on s'est dit : 'Je veux rien savoir, le boug est à son prime, qui peut s'asseoir à sa table ?'"

Un enthousiasme cependant tempéré par certains membres de l'équipe qui auraient préféré recruter à son poste Laura Monnet, un profil moins junior. Un débat qui s'est cependant apaisé après que la DRH a commenté : "Laura et Jordan ont tous les deux leurs qualités. Profitons juste de ces deux goat et cessons de les opposer."

LOISIR

UN COUPLE PARISIEN ÉCONOMISE TOUTE L'ANNÉE POUR S'OFFRIR UN BEAU VOYAGE SUR LA LIGNE 5 PENDANT LES JO

Amandine et Corentin sont comblés. Après plusieurs mois à se serrer la ceinture, ces deux trentenaires franciliens ont mis suffisamment d'argent de côté pour s'offrir un magnifique voyage sur la ligne 5 du métro parisien entre les stations République et Ourcq.

"ON NE SORTAIT QU'À L'HAPPY HOUR POUR PROFITER DE PINTES À MOINS DE 10 EUROS. MAIS TOUT ÇA A PAYÉ."

"Pendant des mois on s'est privés, on a fait attention, on a acheté des baguettes à seulement 2 euros, des produits de chez Franprix dont on ne connaissait pas la marque… On ne sortait qu'à l'happy hour pour profiter des pintes à moins de 10 euros. Mais tout ça a payé", s'enthousiasme Amandine en montrant le précieux sésame : un pass Navigo spécial JO.

Un victoire d'autant plus belle qu'elle vient récompenser des mois d'organisation en amont. "Pour se payer ce pass, on a bien sûr fait un apport en fonds propres, nos parents nous ont un peu aidés… Mais on a aussi contracté un crédit auprès de notre banque. Heureusement, mon conseiller a été top et nous a aidés à faire un super-plan de remboursement sur dix ans", explique Corentin en nous montrant son fichier Excel.

Pour célébrer cette bonne nouvelle, les deux baroudeurs ont déjà commencé à économiser pour les prochaines dépenses indispensables à leur périple : un taser pour se prémunir des frotteurs, un téléphone satellite pour se repérer dans leur correspondance à République et un casque anti-bruit en cas de reprise par un musicien de *Despacito* à l'accordéon.

PEOPLE

GRÂCE À SON MÉTIER-PASSION, IL PEUT ENFIN TOUCHER UN RSA-PLAISIR

CELUI QUE SES AMIS SURNOMMENT "LE JEAN GABIN DES DEUX-SÈVRES" PEUT ENFIN PROFITER PLEINEMENT DE SA PASSION : TOUCHER LE RSA.

Comédien aux multiples casquettes, Morgan vient de franchir sa toute première étape vers le succès. Reportage.

C'est le rêve de toute une vie qui vient de devenir réalité pour Morgan Liebert, 25 ans. Passionné de théâtre depuis sa plus tendre enfance, ce n'est que depuis juillet dernier que celui que ses amis surnomment "le Jean Gabin des Deux-Sèvres" peut enfin profiter pleinement de sa passion : toucher le RSA.

"Quand je vois tous ces grands noms qui ont marqué leur art avant moi : Bourvil, Pierre Richard, Titoff, et à quel point ils ont galéré eux aussi avant de devenir quelqu'un, je me dis que je suis vraiment un privilégié", nous confie-t-il avant de laisser fondre huit pâtes crues dans sa bouche pour son unique repas de la journée.

Un métier-passion qui lui a déjà permis de briller dans pas moins de deux pièces cette année. Des rôles déjà cultes tels que "Coco le haricot", un légume plat, malin et facétieux dans le spectacle pour enfants *Bibelon, le melon con*, mais également un serveur parisien dans le film *Gravity 2*, scène qui malheureusement pour lui sera coupée au montage. "Alfonso

Cuarón s'est finalement rendu compte qu'intégrer une scène où je sers un poulet basquaise à Sandra Bullock en plein cœur du cosmos ne matchait pas vraiment avec le scénario, regrette Morgan. Mais bon, c'est ça aussi le show-biz."

Et pourtant, depuis qu'il touche le RSA, Morgan a bien du mal à garder les pieds sur terre. C'est en tout cas ce qu'affirment Cédric et Ludivine, ses deux amis d'enfance. "Il vient d'ouvrir un livret A !" s'inquiète Cédric encore sous le choc. "Et la semaine dernière, je l'ai vu racheter deux fois des timbres, ajoute Ludivine. Franchement, on le reconnaît plus. C'est quoi la prochaine étape ? Prendre un pass Navigo 5 zones ?!" poursuit-elle en éclatant en sanglots.

ART

SELON UNE ÉTUDE, PRENDRE DES PHOTOS FLOUES EN NOIR ET BLANC NE FERAIT PAS DE VOUS UN PHOTOGRAPHE TALENTUEUX

Les résultats de la récente étude menée par le prestigieux Boston Consulting Group risquent d'en décevoir plus d'un. Selon celle-ci, prendre des photos en noir et blanc ne ferait pas de vous un photographe talentueux même si celles-ci sont floues et mal cadrées.

"On a longtemps cru à une corrélation entre noir et blanc et talent dans le milieu de la photographie. En réalité, il semble que ça n'ait aucun rapport même si la photo en question a pour objet un lampadaire, un pigeon ou une canette de bière au pied d'une montagne de déchets", détaille l'expert Luis Gonzales, tout en jetant plusieurs de ses clichés à la poubelle, dépité.

Plus surprenant encore, l'étude affirme que les filtres prêts à l'emploi de type "sepia" ou "bold glamour" ne rendraient pas éligibles les photographies à un concours d'art. "En revanche, ces photos auront tout à fait leur place dans un album Facebook intitulé 'Fall 2023' ou 'Mykonos Part 1', voire même en story Instagram", insiste Luis Gonzales avec optimisme.

"EN REVANCHE CES PHOTOS AURONT TOUT À FAIT LEUR PLACE DANS UN ALBUM FACEBOOK."

Ce n'est pas la première étude qui vient défrayer le monde de la photographie. En 2021 déjà, un analyse parue dans le renommé *Chasseur d'images* expliquait qu'avoir chez soi une photo d'un taxi jaune dans New York en noir et blanc n'était pas synoyme de bon goût, signant la fin de carrière de nombreux photographes amateurs.

SOCIÉTÉ

VINCENT BOLLORÉ RACHÈTE MEDIAPART

Après l'annonce du départ d'Edwy Plenel de la direction du célèbre site d'informations, on apprend ce matin que le milliardaire breton devrait racheter Mediapart.

"J'ai totalement confiance en M. Bolloré pour assurer l'indépendance éditoriale de Mediapart, a assuré Edwy Plenel. Et je suis sûr que toute l'équipe de Mediapart se réjouit de cette collaboration avec Geoffroy Lejeune qui prend ma place en tant que directeur de la rédaction", a-t-il déclaré lors d'une conférence de presse dans l'open space de Mediapart, tandis que les journalistes tentaient de se défenestrer. De son côté, le groupe Bolloré a assuré que Mediapart conserverait sa liberté de ton, d'indépendance et d'information en se concentrant désormais sur l'actualité people avec une émission spéciale dès mercredi prochain consacrée à Afida Turner et sa passion pour les combinaisons latex.

SOCIÉTÉ

UN RETRAITÉ GÂCHE SA MATINÉE EN ARRIVANT CINQ MINUTES APRÈS L'OUVERTURE DU SUPERMARCHÉ

Les faits se sont déroulés ce matin à Valence. Henry, 72 ans, est arrivé à 8 h 35 au Lidl de l'avenue de Romans, soit cinq minutes après l'ouverture. Un événement qui lui a gâché sa journée. Reportage.

"ET PUIS, QUAND ON ARRIVE EN AVANCE, ON VOIT LES GRILLES S'OUVRIR."

Henry, ancien fonctionnaire, a décidé de vivre une retraite paisible dans la Drôme. Ce matin, comme tous les matins depuis qu'il ne travaille plus, il est allé faire ses courses. Mais contrairement à son habitude, il est arrivé après l'ouverture de son supermarché Lidl. Un retard de cinq minutes à peine, qui lui a gâché sa journée. "J'aime bien arriver avant l'ouverture pour voir les copains et discuter un peu. Et puis, quand on arrive en avance, on voit les grilles s'ouvrir, nous explique-t-il chagriné. Et rentrer le premier dans un magasin, ça n'a pas de prix. La sensation est tellement spéciale. Vraiment je suis dégoûté d'avoir raté ça ce matin, je m'en veux terriblement."

Henry a de quoi s'en vouloir puisque les raisons de son retard sont absurdes, surtout qu'il n'habite qu'à dix minutes à pied du supermarché. "J'ai fait une grasse matinée. D'habitude, je me lève vers 6 h 30 mais cette fois-ci, je me suis levé à 7 heures. À partir de là, je savais que ce serait mission impossible d'arriver avant l'ouverture."

POLITIQUE

RATP – TRAFIC TRÈS PERTURBÉ SUR LA LIGNE B À LA SUITE DE LA PRÉSENCE DE RER SUR LES VOIES

Ligne B – Des difficultés d'exploitation considérables sont à prévoir du 1er janvier au 31 décembre à la suite de la présence de nombreux RER sur les voies. Reportage.

C'est un incident fâcheux que connaît actuellement le réseau ferroviaire d'Île-de-France. Plusieurs dizaines de RER B auraient été aperçus en train de circuler sur les voies, perturbant le bon déroulement du trafic entre Saint-Rémy-lès-Chevreuse et l'aéroport Charles-de-Gaulle. Dans un communiqué publié sur son site, la RATP conseillerait ainsi aux usagers de se rendre au travail en privilégiant les circuits alternatifs tels que le vélo, le kayak ou des grosses foulées talons-fesses.

"C'est un problème récurrent sur lequel nous travaillons activement avant le début des JO", nous confie Martin Poiret, responsable fluidité et circulation à la RATP, avant de nous dévoiler quelques solutions prévues par son service. "Pour augmenter la vitesse des RER, nous songeons sérieusement à les faire tracter par des chèvres, mais pour ne pas créer un changement trop brutal ils seront tout d'abord tractés par des RER A, explique-t-il. Des nouveaux arrêts seront aussi construits entre chaque station de la ligne B pour permettre aux RER d'arriver plus rapidement quelque part", poursuit-il, avant d'ajouter : "Enfin, pour rendre l'attente des usagers plus agréable, des cornemuses en libre-service seront mises à disposition dans chaque station. De quoi permettre d'oublier un temps soit peu les problèmes sur la ligne et de se concentrer plutôt sur les problèmes dans la gare."

Des mesures fortes qui devraient continuer de se développer d'ici les Jeux olympiques puisque, soucieuse d'offrir le meilleur accueil possible aux visiteurs étrangers, la RATP s'engage à prendre toutes les mesures nécessaires en écrivant les mots "retard", "mouvement social", "avarie matérielle" et "malaise voyageur" dans plus de 36 langues.

POLITIQUE

"ALORS, C'EST POUR QUAND LE BÉBÉ ?" PAR EMMANUEL MACRON

"Hey ça fait longtemps que vous êtes ensemble, non ? Alors c'est pour quand le bébé ? Parce que c'est vrai que là, vous avez une situation stable, alors plus d'excuses qui tiennent, ha ha ! Nan parce qu'au début, c'était 'Faut qu'on trouve un job d'abord', et puis après c'était 'Faut qu'on trouve un appart', mais maintenant c'est bon, vous êtes prêts je pense, non ? Vous savez, un enfant dans une famille, y a rien de plus beau… Nan moi j'en veux pas, mais en tout cas c'est ce qu'on m'a dit, quoi. Et puis de toute façon, on n'est pas là pour parler de moi, mais de vous. Alors, c'est pour quand le bébé ?

Ah vous essayez ? Depuis quand ? Ah ouais quand même ! Vous voulez pas faire un test de fertilité ? Je peux vous en avoir gratos. Nan parce que vous essayez, vous essayez, mais y a pas vraiment de résultat, quoi… Parce qu'à un moment, ça suffit pas d'essayer, faut réussir. Un polichinelle dans le tiroir ha ha ! La France, elle va pas se repeupler toute seule, faut s'activer ha ha ! En tout cas, moi j'ai déjà quelques prénoms en tête si vous n'avez pas d'idées pour votre enfant : j'ai pensé à Gabriel si c'est un garçon ou Marlène si c'est une fille. Tant que vous faites pas comme Darmanin… Il s'appelle Gérald Moussa, de qui se moque-t-on ? Bon bref, je vous laisse, mais si vous avez besoin que je vous appelle pour vous encourager avant un coït, dites-moi, je le ferai."

LA CHOUETTE DE DUOLINGO CONDAMNÉE À DEUX ANS DE PRISON FERME POUR HARCÈLEMENT

Après près de cinq ans de traque, la chouette de Duolingo vient enfin d'être condamnée à une lourde peine pour avoir harcelé quotidiennement plusieurs millions de personnes. Récit.

C'est la fin d'un cauchemar pour plus de 70 millions d'utilisateurs. Deux ans de prison ferme et 75 000 € d'amende, voilà la peine requise contre la chouette de Duolingo au terme d'un procès mouvementé qui aura duré près de huit heures. Pour Valentin, 28 ans, présent à l'audience ce jour-là, c'est une véritable libération. "Je n'arrive pas à y croire ! Ça y est, c'est terminé ! C'est enfin terminé ! s'écrie-t-il les joues couvertes de larmes. Justice a été rendue ! Ça ne réparera peut être pas ce qui nous a été fait mais comme on dit en italien : *No... Non mettere le... los*... je... non je sais plus."

"*YOU MAKE DUO SAD...*" AGRÉMENTÉ D'UN EMOJI TRISTOUNE ET D'UN AUTRE OÙ L'ON PEUT LIRE "DUO SAIT OÙ TU VIS..." ÉCRIT EN LETTRES DE SANG SUR UN SAC POUBELLE.

Un harcèlement ciblé et méthodique dont a également fait les frais Caroline, 19 ans. "Ça a commencé avec un message tout simple. 'Caroline, rejoignez Duo pour votre session d'espagnol hebdomadaire', raconte-t-elle encore sous le choc. Puis très vite, elle a commencé à compter les jours où l'on ne se voyait pas : 'Ça fait deux jours, trois jours, quatre jours…' Au bout de plusieurs mois, elle est même passée au chantage affectif", poursuit-elle, en montrant un message avec écrit "*You make Duo sad...*" agrémenté d'un emoji tristoune et d'un autre où l'on peut lire "Duo sait où tu vis…" écrit en lettres de sang sur un sac poubelle.

Un procès mouvementé pendant lequel ladite chouette essaiera de soudoyer les juges en leur proposant des coffres de gemmes en échange de défis amusants comme "détruire les preuves", "ne pas croire un mot des témoins" ou simplement "passer l'éponge". Une ultime tentative de contact qui se soldera par un échec puisqu'une fois la sentence énoncée, c'est entravée par près de six policiers qu'elle se fera escorter vers sa cellule en hurlant "C'est une erreur, je suis innocente !" dans plus de quarante langues.

POLITIQUE

GÉRARD LARCHER VEUT INSCRIRE LE PÂTÉ DE FOIE ET LES RILLETTES DE VEAU DANS LA CONSTITUTION

Après s'être prononcé contre l'inscription de l'IVG dans la Constitution, le président du Sénat a indiqué militer en revanche pour y inscrire "ce qui fait l'honneur de la France".

"Je suis favorable à l'inscription du pâté de foie et des rillettes de veau dans la Constitution", a déclaré Gérard Larcher ce matin au micro de BFMTV avant d'ajouter : "À l'heure où les Français sont divisés et sont parfois à la recherche d'identité, je pense qu'il est primordial de se rassembler autour des valeurs qui font l'honneur de la France." Le président du Sénat a toutefois précisé qu'il n'était pas inflexible et restait ouvert au débat, "notamment sur les œufs mayo et le bœuf bourguignon". En revanche, il s'est montré intraitable vis-à-vis des "végans consommateurs de pousses de soja et de quinoa" qui sont pour lui "des traîtres à la nation" et pour qui il propose "la déchéance de nationalité".

"SE RASSEMBLER AUTOUR DES VALEURS QUI FONT L'HONNEUR DE LA FRANCE."

Honorer notre mémoire commune

Interrogé ensuite sur la panthéonisation de Missak Manouchian prévue ce mercredi, le président du Sénat a fait preuve d'un enthousiasme modéré : "Je suis très content que la mémoire de cet Arménien engagé, de ce résistant, de ce poète francophile soit honorée. Mais je dis simplement qu'il faut rester très sélectif et faire attention à l'avenir à ne pas faire rentrer tout le monde." Puis de conclure : "Il faut garder de la place pour le foie gras du Sud-Ouest et les tripes à la mode de Caen."

MONDE

RUSSIE : ALEXEÏ NAVALNY CONDAMNÉ À VINGT ANS D'EMPRISONNEMENT SUPPLÉMENTAIRES, POUR S'ÊTRE ÉVADÉ EN DÉCÉDANT

Le célèbre opposant à Vladimir Poutine a été condamné par une cour spéciale de justice russe, estimant que l'opposant avait volontairement profité de sa mort pour s'évader.

"Une fois de plus Navalny a montré qu'il n'avait qu'un but : échapper à la justice par tous les moyens, mais nous l'avons rattrapé et jugé", a commenté le juge russe au moment de délivrer sa sentence devant son corps. "Il est inadmissible que certains se pensent au-dessus des lois russes parce qu'il serait mort, à l'état de cadavre", a en outre critiqué un des porte-parole du Kremlin, n'hésitant pas à affirmer que l'âme de Navalny serait déjà passée à l'Ouest via une filière clandestine d'opposants politiques décédés.

POLITIQUE

GABRIEL ATTAL S'ENTRAÎNE À ROULER LES R POUR PARLER AUX AGRICULTEURS

"QUAND J'AVIONS SU QU'ON NOUS DEMANDERAIT DE PARRRLER COMME UN PÉQUENAUD, J'AI YOYOTÉ DE LA TOUFFE."

Selon nos sources, le Premier ministre suivrait une formation express afin de s'adresser aux agriculteurs et gagner leur confiance "avec des mots accessibles, dans un langage qu'ils comprennent".

Cette formation, dispensée par le cabinet de conseil PECORE+, spécialisé dans le "dialogue citadin-paysan", aide Gabriel Attal au quotidien, afin d'adapter sa communication pour ne pas commettre d'impair (à un tarif de 5 900 euros par jour – forfait de base).

Ainsi, depuis une semaine, le Premier ministre s'entraîne à rouler les R à Matignon et utiliser des expressions typiques du monde rural. L'ensemble de ses collaborateurs doit également se plier à l'exercice afin d'être en immersion totale : "Quand j'avions su qu'on nous demanderait de parrrler comme un péquenaud, j'ai yoyoté de la touffe, commente Guillaume Jouven, conseiller en communication. Mais c'est ben vrrrai", conclut-il, amer.

Un document confidentiel que nous nous sommes procuré indique que Gabriel Attal a exigé de ses collaborateurs d'autres changements notables dans leurs habitudes au cours des prochains jours. Ce qui passera notamment par le port d'une tenue de type "parka Carrefour", de chaussures couvertes de terre et l'interdiction stricte de mettre du déodorant. Ces mesures permettront-elles de renouer enfin le dialogue avec le monde rural ? La question reste posée.

POLITIQUE

OUDÉA-CASTÉRA SE DIT PRÊTE À PRÉSENTER DES EXCUSES PUBLIQUES MAIS UNIQUEMENT EN PRIVÉ

À la suite de la récente polémique, la nouvelle ministre de l'Éducation nationale a déclaré être prête à s'excuser publiquement tant que cela se déroulait dans un cadre privé. Récit.

"Je tenais aujourd'hui à m'excuser publiquement devant tous les Français a déclaré ce lundi Amélie Oudéa-Castéra face à son mari, son fils, son chien et sa cheminée. J'ai fait une erreur et je suis prête à en assumer les conséquences, poursuit-elle, avant de se resservir trois cuillerées de lentilles et un filet de sole. L'école publique a des difficultés mais je ferai tout pour redresser la barre et vous montrer à vous, les Français, que ce débat public-privé n'a pas lieu d'être", conclut-elle, avant de passer un coup d'éponge sur la table et d'arroser son ficus.

"JE LA TROUVE COURAGEUSE", NOUS CONFIE SON FILS, 15 ANS ET DEMI, PRÉSENT LORS DE L'ÉVÉNEMENT.

Ces propos, filmés avec son propre smartphone, ont immédiatement été diffusés sur la télé de son salon à une heure de grande écoute. Une démarche plutôt bien accueillie par les Français : "Je la trouve courageuse, nous confie son fils, 15 ans et demi, présent lors de l'événement. Elle est restée stoïque, droite dans ses mocassins à gland. Je pense que c'est ce qu'il fallait pour calmer la polémique et pour qu'on arrête enfin de penser que l'école Stanislas est une école de bourges", conclut-il avant d'insulter en latin Ernesta, la bonne, pour avoir rangé son maillet de croquet avec les ronds de serviette.

Un premier pas vers une réconciliation public-privé qui semble en inspirer plus d'un puisqu'en signe d'apaisement, le collège Stanislas se dit prêt à se rebaptiser Collège Freddy-Brandon Jr.

SOCIÉTÉ

IL EST OFFICIELLEMENT ÉLU L'HOMME LE PLUS ENNUYEUX DU MONDE APRÈS AVOIR ACHETÉ UN POT DE CHICORÉE

Cette récompense, Farid Belkacem l'a méritée. Lundi dernier, le trentenaire, réputé dans son entourage pour son goût pour les puzzles et les maquettes d'avions en papier, a reçu le titre d'homme le plus ennuyeux du monde après avoir acheté un pot de chicorée certifié bio chez Naturalia. Une récompense qui vient sacrer une carrière de trente-trois ans d'ennui.

"C'EST UN VRAI BONHEUR DE VOIR FARID RÉCOMPENSÉ À SA JUSTE VALEUR."

"Ça fait des années que le titre lui échappe, commente Marion Leclerc, experte en ennui. L'an dernier on l'a remis à Patrick Santini qu'on connaît pour sa passion pour le jazz, les échecs et la position du missionnaire. Et il y a deux ans, c'est Lucile Berthol qui l'a coiffé au poteau grâce à sa collection de coléoptères. C'est un vrai bonheur de voir Farid récompensé à sa juste valeur."

Un avis amplement partagé par les amis de Farid. "Ça fait des années qu'il travaille dans l'ombre. Il nous propose régulièrement des soirées jeux de société, il termine toujours ses blagues en disant 'je plaisante bien sûr' et il s'est même mis au crochet récemment. Alors vraiment, il était grand temps que l'Académie cesse de le snober", commente son ami Baptiste.

Le principal concerné, lui, n'a pas encore fêté la nouvelle étant actuellement en plein Dry February – tradition qu'il a lui même créée – mais n'exclut pas de célébrer son titre avec un "petit panaché" et un tour en trottinette au retour des beaux jours.

POLITIQUE

POUR CONTRER LA BAISSE DE LA NATALITÉ, GÉRALD DARMANIN VIENDRA FÉCONDER VOTRE FEMME TOUS LES MERCREDIS

Le réarmement démographique est en marche. Face à l'avalanche de critiques, Emmanuel Macron a décidé d'envoyer son ministre de l'Intérieur au front.

C'est désormais officiel : Gérald Darmanin viendra féconder votre femme tous les mercredis après-midi pour réarmer la France démographiquement. Pour ce faire, il est conseillé de mettre vos enfants, si vous en avez, devant la télé pendant les cinq minutes nécessaires au repeuplement de la nation. Afin de simplifier le travail du ministre, un protocole, que nos journalistes ont pu consulter, sera envoyé à chaque citoyen. Il faudra, pour accueillir le représentant de la République, se munir préalablement de lubrifiant, d'une photo d'Emmanuel Macron torse nu et d'une baignoire, car le ministre n'aime pas prendre de douche. Il faudra également fournir à M. Darmanin une serviette estampillée "Corsica Viva". Enfin, il est recommandé à votre femme de se déguiser au cours de l'acte en gendarmette pour faciliter le travail du ministre.

IL EST RECOMMANDÉ À VOTRE FEMME DE SE DÉGUISER AU COURS DE L'ACTE EN GENDARMETTE.

Des réactions contrastées

L'opposition n'a pas tardé à réagir à cette annonce. Mathilde Panot a dénoncé "le retour du patriarcat le plus rance où la femme n'a pas son mot à dire" tandis que Jordan Bardella a jugé cette mesure "très largement insuffisante pour redonner à la France sa grandeur et pour contrer le grand remplacement".

Bruno Le Maire, quant à lui, n'a pas tari d'éloges sur l'initiative du Président, précisant : "C'est aussi un bon moyen de repeupler les campagnes et d'apaiser pour de bon la colère des agriculteurs."

Le Gorafi

MARS 2024

PEOPLE

MORT DE FRÉDÉRIC MITTERRAND – LA THAÏLANDE DÉCRÈTE TROIS JOURS DE DEUIL NATIONAL

L'ancien ministre de la Culture a été chaudement pleuré environ zéro seconde par les garçons du quartier de Patpong dont il vantait les plaisirs dans son ouvrage.

Les autorités thaïlandaises ont annoncé la mise en berne des drapeaux pour celui qui a assuré une très grande promotion touristique du pays dans son ouvrage de 2005 *La Mauvaise Vie*. "Nous perdons notre meilleur ambassadeur", a témoigné un proxénète qui tenait sous sa main plusieurs dizaines de jeunes garçons réduits à l'état de morceaux de chair pour vieux messieurs en mal de plaisir et avec beaucoup trop d'argent dans les poches.

De son côté, son grand ami Gabriel Matzneff a annoncé qu'il allait prononcer son éloge funèbre.

SPORT

PARIS 2024 - DE L'EAU DU GANGE SERA VERSÉE DANS LA SEINE POUR L'ASSAINIR

Les athlètes pourront-ils nager dans la Seine ? C'est la question que tout le monde se pose et la ville de Paris a décidé de mettre toutes les chances de son côté.

LA FRANCE A PROPOSÉ EN ÉCHANGE DE VERSER UNE TONNE D'EAU DE LA SEINE, MAIS LE PAYS A REFUSÉ.

À quelques mois des Jeux, Anne Hidalgo a annoncé que de l'eau du Gange serait versée dans la Seine pour l'assainir. "L'état de la Seine est trop fluctuant pour pouvoir garantir qu'elle sera praticable cet été, a annoncé la maire de Paris en conférence de presse. L'Inde a donc généreusement proposé son aide et nous livrera une tonne d'eau du Gange que nous verserons dans la Seine pour l'assainir."

Des hydravions feront le trajet de la ville de Varanasi en Inde à Paris pour verser l'eau du Gange directement dans la Seine. La France a proposé en échange de verser une tonne d'eau de la Seine, mais le pays a refusé.

"C'est avec plaisir que nous venons en aide à nos amis français. Nous n'attendons rien en retour et surtout pas leur eau polluée", s'est exclamé le consul d'Inde.

LOISIRS

NETFLIX LANCE UNE OFFRE À 0,08 € PAR MOIS QUI DONNE SEULEMENT ACCÈS AUX FILMS DE PHILIPPE LACHEAU

Afin de demeurer compétitif dans un secteur toujours plus concurrentiel, Netflix vient de dévoiler sa toute nouvelle offre "Lacheau +" qui permet de streamer tous les films de l'acteur éponyme pour la modique somme de 0,08 € par mois.

Les portefeuilles les plus coquets pourront même se permettre de souscrire à l'offre "La Bande à Fifi Premium", laquelle donne également également accès aux films de Tarek Boudali en échange de 0,15 € par mois.

"C'est l'occasion de voir, revoir et re-re-voir tous les films du Lacheau Cinematic Universe, s'enthousiasme le PDG de Netflix France. Même si les voir une fois suffit."

"C'EST L'OCCASION DE VOIR, REVOIR ET RE-RE-VOIR TOUS LES FILMS DU LACHEAU CINEMATIC UNIVERSE."

Une offre qui semble également avoir inspiré les concurrents de Netflix puisque l'on voit fleurir sur les autres plateformes des abonnements similaires. À l'image de Prime Vidéo qui propose désormais la "Michaël Youn Box" (0,99 € TTC) ou Disney+ qui offre la possibilité de souscrire au "Pack Christian Clavier" lequel est gratuit, à condition d'accepter des pubs en début de visionnage. "Et des films de Christian Clavier bien sûr", ajoute le PDG de Disney+.

Des offres qui rencontrent déjà un franc succès puisqu'elles comptent plusieurs millions d'abonnés pour le plus grand plaisir de Philippe Lacheau, lequel a cependant tempéré : "Même si 8 centimes c'est peut-être un peu cher pour ce que c'est."

SPORT

JO 2024 – LA VILLE DE PARIS DEMANDE AUX VISITEURS ÉTRANGERS DE RESTER CHEZ EUX PENDANT LA COMPÉTITION

Après les Parisiens, c'est au tour des visiteurs étrangers d'être encouragés à ne pas encombrer les transports pendant les Jeux olympiques en restant dans leur pays. Reportage.

"Pour que cette grande fête internationale se passe le mieux possible, nous demandons à tous les visiteurs étrangers de ne pas se déplacer pour l'occasion, tout comme les entraîneurs étrangers, les journalistes étrangers et les athlètes étrangers, a déclaré ce matin Anne Hidalgo lors d'une conférence de presse. Cela permettra de désengorger considérablement les transports, les stades et le podium", a-t-elle finalement conclu, avant de foncer jusqu'à son Vélib' pour piquer un sprint jusqu'à son jet.

Une dernière mesure qui vient s'ajouter à la longue liste de consignes déjà données par le gouvernement aux Français, parmi lesquelles :

"Privilégiez le télétravail, en particulier si vous êtes chirurgien, chauffeur de RER ou Vianney."

"Pour véhiculer une bonne image de la France, évitez de jeter vos poubelles dans la Seine entre 8 heures et 18 heures."

"Ne commandez pas de colis pendant la période des Jeux. L'organisation de Colissimo se trouvant chamboulée, ils risqueraient d'arriver à l'heure et en parfait état."

"Interdiction de nourrir Titou, le rat mutant de 12 mètres de long vivant dans les couloirs de la ligne 3 bis."

Ou encore :

"Sans-abris, scotchez des livres de la Pléiade sur vos cartons pour ressembler à des bouquinistes."

À la suite du scandale provoqué par cette annonce, le gouvernement a tout de même souhaité faire un geste. Si les athlètes français recevront bien une médaille comportant 18 grammes de la tour Eiffel, les athlètes étrangers, eux, recevront une miniature de la tour Eiffel comportant 18 grammes de médaille.

SOCIÉTÉ

L'HOMME QUI LISAIT TOUTES LES CONDITIONS GÉNÉRALES VIENT DE TERMINER SON INSCRIPTION À CARAMAIL

Enfin, Patrick va pouvoir discuter sur la star des messageries web des années 2000.

Ils ne sont plus que quelques-uns dans le monde à lire les conditions générales, comme Patrick, qui ne signe jamais un document sans l'avoir lu préalablement. Un véritable parcours du combattant qui vient de se terminer pour celui dont l'inscription à Caramail a été validée ce matin.

C'est donc la larme à l'œil, ce midi, 12 h 37 heure de Paris, que Patrick a lancé la page Caramail pour tenter de discuter avec des internautes ; page sur laquelle s'est immédiatement affichée "adresse introuvable". Une douche froide pour Patrick qui a mis sa vie entre parenthèses pendant vingt ans, se nourrissant exclusivement d'ongles de pieds et des blattes qui traînaient dans le dernier cybercafé de Paris, afin de terminer sa lecture au plus vite.

Mais pour le natif de Brétigny-sur-Orge, le jeu en valait la chandelle. "Je ne pouvais pas me lancer sur une messagerie web comme ça, vous imaginez les conséquences si je n'avais pas su 'que l'Utilisateur doit comprendre pourquoi vous demandez l'accès aux Données de la Plateforme restreintes afin d'améliorer la qualité de son expérience', non mais vous imaginez, hein ?", nous confie celui qui s'apprête à se lancer dans son prochain défi, lire l'ensemble de la notice du lecteur DVD qu'il a acheté il y a vingt ans.

POUR MONTRER SON OUVERTURE D'ESPRIT, LA RUSSIE ENVOIE 30 000 HOMOSEXUELS SUR LE FRONT UKRAINIEN

Dans un geste inclusif et progressiste, Vladimir Poutine a envoyé ce mardi plusieurs milliers d'homosexuels rejoindre les combattants russes sur le front ukrainien. Reportage.

"ON EST AU XXIE SIÈCLE !"

"On est au XXIe siècle ! Il est inconcevable qu'on autorise les hétérosexuels à mourir violemment sous les bombes pour une cause qui les dépasse et pas les homosexuels !" a déclaré ce matin hors de lui Vladimir Poutine lors d'une conférence de presse, en tapant du poing sur la table. "Voilà pourquoi j'ai décidé de faire un geste et d'annoncer le déploiement exceptionnel de plus de 30 000 personnes LGBT en Ukraine, poursuit-il. Cela permettra de faire de la place parmi les troupes ennemies tout en faisant de la place dans nos prisons."

Une initiative unique dans l'histoire de la Russie que le gouvernement de Vladimir Poutine a souhaité encadrer avec soin. Ainsi, chaque recrue recevra un équipement spécialement conçu pour l'occasion : gilet pare-balles en rotin, casque en dentelle et pistolet à eau longue portée. Les treillis se verront également affublés de deux grosses enceintes de 4 500 watts dans le dos, diffusant en continu et à plein volume des chansons de Lady Gaga et le dernier album de Taylor Swift. Enfin, des néons d'une rare intensité présents sur les casques, armes et plastrons projetteront en permanence une vive lumière arc-en-ciel sur l'ensemble des combattants.

"Être gay est une fierté et ce n'est pas parce qu'on est sur un champ de bataille que l'on doit encore se cacher. Bien au contraire !"

a déclaré Sergueï Choïgou, ministre russe des Armées. Puis d'ajouter : "En clair, notre mission est simple : rendre enfin les minorités plus visibles… En particulier sur le front."

Une initiative inclusive qui semble en inspirer plus d'un puisque la Chine vient de renouveler son ambition de dépasser la Russie dans la conquête de l'espace en s'engageant à envoyer 10 000 Ouïghours en orbite d'ici 2030.

PEOPLE

FACT-CHECK : RAPHAËL A-T-IL VRAIMENT ÉTÉ CHANTEUR DANS LES ANNÉES 2000 ?

"C'EST LE PROPRE DE CE GENRE DE THÉORIE DE S'AUTOALIMENTER EN PERMANENCE AU POINT D'ENGENDRER LES THÈSES LES PLUS DÉLIRANTES."

C'est une rumeur qui revient à intervalles réguliers depuis une dizaine d'années : la prétendue existence d'un chanteur nommé Raphaël qui aurait joui d'une certaine notoriété dans les années 2000. En réalité, un "fake" grossier.

La question nous est souvent posée ces dernières années : Raphaël a-t-il vraiment été chanteur dans les années 2000 ? La rumeur s'accompagne souvent de photos de scène d'un grand châtain dégingandé, voire de vidéos d'une chanson intitulée *Caravane*. Mais ces montages générés par une IA ne résistent pas longtemps à un examen rigoureux. Selon Pierre Falsanotizia, spécialiste des "fake news", les photos et les vidéos en question "font doucement rigoler" tant elles sont peu crédibles : "Une voix nasillarde, des paroles ânonnées sans charisme, un sens du rythme qui rappelle furieusement celui de Clémentine Autain et Manon Aubry, qui peut croire à ça à part des platistes fans de Francis Lalanne ?" Il ajoute : "Un chanteur qui chante *Caravane*, à part dans des films de Fabien Onteniente dont Patrick Chirac est le héros, on voit pas bien dans quel monde ça pourrait exister."

Plus de limites

Cela n'empêche pas les théories du complot de pulluler sur les réseaux sociaux. Certains avancent que le chanteur a été très populaire, d'autres vont même jusqu'à dire qu'il serait actuellement en couple avec une actrice. Selon Pierre Falsanotizia, "c'est le propre de ce genre de théorie de s'autoalimenter en permanence au point d'engendrer les thèses les plus délirantes". Rappelons qu'il y a une dizaine d'années, une théorie du complot du même genre avait vu le jour, des internautes affirmant qu'une certaine Ophélie Winter avait produit plusieurs tubes en chantant à moitié en anglais. En 2016, un groupuscule d'extrémistes avait même été démantelé. Il prétendait que des animateurs prénommés Charly et Lulu avaient présenté une émission musicale sur M6 entre 1995 et 2008.

TRAVAIL

5 SIGNES QUI PROUVENT QUE VOUS VOUS ENNUYEZ AU TRAVAIL

Vous avez régulièrement l'impression de vous ennuyer au travail mais vous vous dites souvent que votre jugement est peut-être biaisé par le fait que vous préfèreriez cent fois être à l'hôpital ou en prison. Voici cinq signes qui ne vous laisseront plus dans le doute.

1. La première fois que vous consultez votre montre, il est toujours 9 h 10.

Vous avez beau attendre le plus longtemps possible avant de regarder votre montre pour la première fois de la journée, celle-ci affiche invariablement la même heure : 9 h 10. Pour ne rien arranger, lorsque deux heures plus tard vous la consultez de nouveau, il est en général 9 h 20.

2. Vous avez imaginé plusieurs fois Jean-Philippe de la compta au lit avec sa femme.

Pour des questions évidentes de décence, nous ne pourrons pas évoquer ici toutes les positions dans lesquelles vous les avez imaginés ni ce qu'ils se sont dit dans vos fantasmes, mais le fait est que c'était pas joli joli.

3. Vous connaissez le nombre exact de marches entre le rez-de-chaussée et le 6e.

La première fois que vous les avez comptées, c'était après un atelier sur "les douze façons de booster son mindset en résilience". Depuis, c'est devenu l'un de vos moments préférés de la journée, celui qui vous permet de vous évader presque autant que quand vous faites tourner votre stylo sur votre pouce.

4. Vous vous êtes déjà senti attiré sexuellement par votre agrafeuse.

À force de penser toute la journée au sexe pour éviter la lassitude du travail, il vous est déjà arrivé de vous sentir attiré sexuellement par votre agrafeuse. C'est sans doute signe d'ennui même si à y regarder de près elle est très attirante, sans toutefois être aussi sexy que la photocopieuse.

5. Vous avez déjà compté les secondes jusqu'à 41 368.

Entre chaque moment où vous jetez une boule de papier dans la corbeille, vous avez l'impression que le temps s'étire et vous vous concentrez sur les secondes qui défilent pour tenter d'oublier la réalité. Cette fois, c'est sûr, vous vous ennuyez. La prochaine fois, n'hésitez pas à demander des heures sup car vous avez largement dépassé les sept heures réglementaires de travail.

ÉDUCATION

UN CONSEILLER D'ORIENTATION HONNÊTE CONSEILLE À UN ÉLÈVE DE CONTINUER LE TRAFIC DE DROGUE

Frédéric Schneider est conseiller d'orientation au lycée polyvalent Léon Blum de Créteil (94). Depuis plus de vingt ans, il préconise aux élèves ce qui lui semble le plus pertinent pour leur futur. Hier, il a ainsi conseillé à Walid*, 17 ans, de continuer son trafic de cannabis.

"Walid a de belles qualités humaines : il est vif, il a le sens du commerce, il sait fidéliser les clients… Mais on ne va pas se mentir, au niveau des notes, c'est très mauvais. Même dans sa classe de nuls, c'est le plus nul… explique Frédéric Schneider, ce fringant quinquagénaire qui a vu toutes sortes de profils dans sa vie. Le fait est qu'il gagne déjà plus de 3 000 euros par mois avec sa revente de cannabis. Un salaire qu'il mettrait des années à atteindre par une voie classique. Et encore, il me dit qu'il pourrait se faire le double, mais il ne fait ça qu'à mi-temps, après les cours… Il m'a bluffé ce petit. Je pense honnêtement qu'il est né pour ça, le deal, c'est son truc."

"JE PENSE HONNÊTEMENT QU'IL EST NÉ POUR ÇA, LE DEAL, C'EST SON TRUC."

Frédéric Schneider a fait le choix de l'honnêteté et de la logique, en faisant confiance à son expérience du terrain. Il se démarque ainsi de la majorité des conseillers d'orientation qui, rappelons-le, se contentent discrètement de piocher au hasard un ou deux métiers dans un sac en tissu, et d'improviser ensuite. "C'est ce que je faisais au début de ma carrière. Je piochais par exemple 'Coiffeuse' et 'Juriste', et j'improvisais selon la personne que j'avais en face. Il y a pas mal de salons de coiffure qui se sont ouverts grâce à moi… Et puis j'ai arrêté, pour pouvoir me regarder dans la glace le matin."

Aujourd'hui, Walid est rassuré pour son avenir et compte bien se lancer à temps plein dans son activité quitte à la diversifier avec des drogues dures, pour apporter le maximum de satisfaction à ses clients. Une approche "win-win", qui pourra sans doute servir d'exemple aux autres lycées de la région.

*Le prénom a été modifié.

SOCIÉTÉ

95 % DES PARISIENS NE CROIENT PAS EN LA VIE APRÈS LE PÉRIPHÉRIQUE

Selon un récent sondage, seuls 5 % des Parisiens croient qu'il existe une vie au-delà du périphérique tandis qu'une écrasante majorité pense qu'il s'agit d'un mythe, voire d'une simple légende urbaine.

"Pour moi la, province c'est un truc qu'on se racontait gamins pour se faire flipper autour du feu ou à la rigueur quelque chose qu'on raconte aux enfants pour leur filer la frousse quand ils sont pas sages. Du style 'finis tes haricots verts ou on t'emmène vivre à Gueugnon !' Mais de là à y croire vraiment c'est n'importe quoi", plaisante Pierre-Antoine, un Parisien à qui nous avons posé la question alors qu'il disputait une partie de mölkky sur le canal de l'Ourcq.

Si la croyance en une vie après le périphérique compte peu d'adeptes, de plus en plus de Parisiens se disent cependant ouverts à la possibilité qu'il existe "d'autres formes d'intelligence quelque part en dehors de Paris". "Peut-être bien qu'il existe ailleurs d'autres pokebowls, d'autres trottinettes électriques, d'autres monaco à 17 euros en terrasse, et d'autres formes de vie qui vapotent en parlant du prix de l'immobilier au mètre carré. Personnellement j'ai envie d'y croire, mais que voulez-vous, je suis une rêveuse !" témoigne Louise, une passante qui a accepté de répondre à nos questions alors qu'elle faisait la queue devant un foodtruck pour acheter un burger végé à 25 euros.

POLITIQUE

LE SÉNAT VALIDE LA MISE EN PLACE D'UN CONGÉ MENSTRUEL POUR LES HOMMES CIS

Porté par un groupe de réflexion composé de plusieurs députés de sexe masculin, la proposition de loi validée par le Sénat doit aboutir prochainement à la mise en place d'un arrêt maladie spécifique concernant les hommes cis travaillant au contact de personnes victimes de douleurs menstruelles.

Quelques minutes après le vote, le président du Sénat, Gérard Larcher, saluait "une avancée concrète pour le droit des hommes cis et des travailleurs". Un projet de loi qui vise à répondre à un constat aux chiffres alarmants. Plus d'un homme cis sur deux travaille au contact d'une personne se plaignant d'avoir des règles incapacitantes. 58 % expliquent que les règles douloureuses d'une collègue ont un impact négatif sur leur travail. 19 % ont déjà démissionné à cause d'un ou d'une collègue qui osait briser le tabou en abordant le sujet de ses règles sur son lieu de travail.

"UNE AVANCÉE CONCRÈTE POUR LE DROIT DES HOMMES CIS ET DES TRAVAILLEURS."

Sous l'impulsion de son maire, la ville de Toulon fait figure de pionnière et d'exemple en matière de progrès social après avoir généralisé le congé menstruel et le télétravail pour les hommes dès 2019. Un dispositif qui a semble-t-il fait ses preuves puisqu'il obtient un taux de satisfaction de 75 % de la part des salariés.

Accusé de privilégier une ligne masculiniste, le maire se défend de toute ségrégation. “Tout le travail qui ne peut pas être effectué est rattrapé par des personnes qui acceptent donc de faire le travail d’un homme et qui ne représentent pourtant qu’un quart de nos effectifs.”

Le Sénat pourrait se pencher prochainement sur une autre proposition concernant l’extension à huit ans du congé de paternité pour les pères souhaitant abandonner le domicile familial en prétendant aller chercher un paquet de cigarette.

SOCIÉTÉ

"NE VOUS INQUIÉTEZ PAS, IL EST GENTIL", PAR CETTE FEMME QUI A ADOPTÉ UN TROU NOIR

Élizabeth, 76 ans, profite de sa retraite bien méritée en promenant Kiki, son gigantesque trou noir domestique, dans le parc des Buttes-Chaumont. Reportage.

“N’ayez pas peur, il ne va pas vous manger”, s’exclame hilare Élizabeth à un groupe de jeunes promeneurs pendant que Kiki, un gigantesque trou noir de 600 kilomètres de diamètre, dévore l’intégralité du parc des Buttes-Chaumont en aspirant en son centre arbres, routes et enfants. “Il aime bien jouer, ce petit zozo. C’est qu’il est très coquin vous savez. Et en plus c’est un vrai glouton”, pouffe-t-elle avant de jeter dans le cœur de la bête un petit biscuit Canigou immédiatement englouti par la masse en même temps que 3 bus, 16 immeubles et 8 Boeing 747.

"N'AYEZ PAS PEUR, IL NE VA PAS VOUS MANGER."

"Les gens jugent sans connaître. Ça me rend triste parfois. C'est pas parce qu'on a eu UNE FOIS une mauvaise expérience avec un trou noir que ça veut dire qu'ils sont tous pareils", déplore-t-elle en regardant amoureusement son petit protégé renifler l'arrière d'une grue en miettes. "Quand je l'ai adopté il était grand COMME ÇA, raconte-t-elle en espaçant les doigts de 6 cm. Mais depuis il a bien poussé mon pépère", s'amuse-t-elle, avant de crier : "Non Kiki, tu laisses", en tirant sur sa longe pour l'empêcher de grignoter Vénus.

"Il est drôle, affectueux, câlin, il connaît plein de tours, et je le connais mon Kiki : quand il fait cette tête-là ça veut dire qu'il veut… des PAPOUILLES !!" s'écrie-t-elle en se précipitant vers le ventre du trou noir pour lui faire des guilis, avant de voir tous ses atomes se faire violemment désintégrer aux quatre coins de l'univers.

POLITIQUE

86 % DES FRANÇAIS "PRÊTS À AIDER MACRON" À RÉALISER SON VŒU DE SE BAIGNER DANS LA SEINE

Alors que le Président a promis de se baigner dans la Seine, en marge de l'inauguration du village olympique, un sondage révèle que 86 % des Français sont d'accord pour lui donner un coup de main.

Selon un sondage IPSOS pour *Le Parisien* paru ce matin et relayé de nombreuses fois sur les réseaux sociaux, 86 % des Français se disent prêts à aider Emmanuel Macron à faire son petit plongeon dans la Seine, 55 % d'entre eux sont bien décidés à le convaincre d'y aller dès ce week-end et 42 % souhaitent même le lester de poids au préalable "juste pour voir". 61 % des Français interrogés aimeraient le voir sauter du pont de l'Alma "pour le côté festif". Enfin, 31 % de nos concitoyens estiment qu'il serait plus judicieux de profiter de la cérémonie d'ouverture pour l'envoyer dans la Seine à l'aide d'une catapulte.

En synergie

Parmi les activités que les Français aimeraient bien voir le Président pratiquer dans l'eau, on trouve, en tête, "la pêche aux sacs en plastique" (28 %), "l'apnée pendant plus de dix minutes" (31 %) et "une bombe depuis une grue" (36 %). Interrogé sur ces résultats, le chef de l'État a déclaré : "C'est la preuve que les Français et moi-même sommes en parfaite synergie de pensée et d'action et que, contrairement à ce qu'on pense, ils approuvent tous mes choix depuis près de sept ans."

61 % DES FRANÇAIS INTERROGÉS AIMERAIENT LE VOIR SAUTER DU PONT DE L'ALMA "POUR LE CÔTÉ FESTIF".

Le Gorafi

AVRIL 2024

BOEING CESSE SON PARTENARIAT AVEC LEGO POUR LA CONSTRUCTION DE SES 737

À la suite des critiques sur la fiabilité de ses appareils, l'industriel américain vient d'annoncer la suspension de la production et de l'exploitation de ses 737 en Lego à monter soi-même.

LES DEUX GROUPES SE REJETAIENT MUTUELLEMENT LA FAUTE APRÈS L'ARRACHAGE D'UNE PORTE EN PLEIN VOL.

C'est la fin d'un des couples les plus emblématiques qui aura fait souffler un vent de renouveau sur l'industrie aéronautique. Boeing et Lego viennent d'annoncer comme d'un accord la fin d'une collaboration de plus de dix ans. La faute à de nombreuses avaries qui ont touché ces derniers mois plusieurs appareils fabriqués à partir des petites briques et issus des usines Boeing.

Il faut dire qu'il y avait de l'eau dans le gaz, chaque partie se renvoyant la balle et la responsabilité des derniers accidents impliquant des 737. Déjà en janvier, les deux groupes se rejetaient mutuellement la faute après l'arrachage d'une porte en plein vol. Quand Dave Calhoun, PDG de Boeing, reprochait à Lego un défaut de fabrication de ses briques, son homologue danois Niels Christiansen le renvoyait aux défaillances de ses propres équipes lors de la lecture et de l'application des notices de montage.

Du côté des usagers, de plus en plus préoccupés par la fiabilité des appareils, on oscille entre soulagement et déception. “J'ai offert un 737 à monter soi-même à mon fils de 8 ans pour Noël. Aujourd'hui, il en a seize et n'a toujours pas réussi à terminer le montage”, déclare un fan de la firme Lego qui ne cache pas son inquiétude et sa tristesse de “ne jamais voir un jour son fils aux commandes de son propre avion”.

PEOPLE

SURPRIS AU VOLANT D'UN CHAR D'ASSAUT, KENDJI GIRAC ASSURE QU'IL S'AGIT D' "UN SIMPLE JOUET TROUVÉ DANS UNE BROCANTE"

IL AVAIT HÉSITÉ LONGTEMPS ENTRE CE CHAR DE COMBAT RUSSE ET UN LEOPARD 2A7 "PLUS CONFORTABLE MAIS NETTEMENT PLUS CHER".

Arrêté par une patrouille de police à 3 heures du matin à une vingtaine de kilomètres de Biscarrosse (Landes), le chanteur a affirmé qu'il avait “besoin de se dégourdir les jambes”.

C'est à bord d'un T-14 Armata que Kendji Girac a été contrôlé par une patrouille aux environs de 3 heures du matin à Pontex-les-Forges (40). Interrogé par les policiers, le chanteur a déclaré avoir acquis l'engin “la veille dans une brocante”, précisant qu'il avait hésité longtemps entre ce char de combat russe et un Leopard 2A7 “plus confortable mais nettement plus cher”. Il a également expliqué avoir des difficultés à dormir et “besoin de se dégourdir les jambes”. Quant à savoir si les coups de canon entendus par plusieurs voisins provenaient du véhicule, la star a choisi la transparence en assurant avoir cherché à “se débarrasser d'un bouchon d'oreille”.

Une affaire mystérieuse

Mathieu Thuran, un proche parent landais qui l'accompagnait à bord du char, a confirmé cette version, ajoutant : "Il a ensuite tiré deux ou trois coups en plus, par inadvertance ; il a joué avec le truc et bam, c'est parti. C'est un accident, ça arrive n'importe quand, à n'importe quelle heure." Une enquête a toutefois été ouverte après la découverte de trois cadavres dans un fossé à quelques encablures de l'endroit où le chanteur a été arrêté. Selon les premiers éléments de l'enquête et plusieurs proches du chanteur interrogés, il pourrait s'agir d'un triple suicide.

POLITIQUE

GABRIEL ATTAL LANCE FRANCE FEIGNASSE POUR LES CHÔMEURS DE PLUS D'UN AN

Le Premier ministre n'est jamais à court d'idées quand il s'agit d'aider les chômeurs à retrouver de l'emploi.

Gabriel Attal a encore prouvé ce matin qu'il avait une imagination débordante en matière de politique d'emploi : "Comme je ne peux malheureusement pas raccourcir la durée d'indemnisation, il a fallu trouver une autre solution pour motiver les glandeurs", nous glisse le jeune homme.

C'est lors d'une nuit pascalienne que la solution lui est apparue : "Je regardais *Touche pas à mon poste* en replay et je me suis dit que la solution était là : l'humiliation."

La suite, on la connaît ; le Premier ministre s'empare de son stylo-plume et rapidement il griffonne plusieurs idées ; les chômeurs longue durée pourraient par exemple être obligés de marcher sur les genoux jusqu'à France Travail pour recevoir leurs indemnités, ou

"COMME JE NE PEUX MALHEUREUSEMENT PAS RACCOURCIR LA DURÉE D'INDEMNISATION, IL A FALLU TROUVER UNE AUTRE SOLUTION POUR MOTIVER LES GLANDEURS."

porter un logo France Travail cousu sur leur vêtement. Mais finalement, il retient une option plus subtile, la création de France Feignasse pour les chômeurs inscrits depuis plus d'un an.

"Et en plus, ça ne coûte rien ni à eux ni au gouvernement. Certes ils continueront à toucher leurs revenus, c'est chiant, mais au moins ils se sentiront sales", témoigne le jeune Premier ministre avec son taux monocorde.

SOCIÉTÉ

LE SEUL CANCER DE NOTRE SOCIÉTÉ, C'EST LE CANCER

Benjamin avait accepté que nous parlions de son combat, de la maladie, dans notre article du 1er avril dernier.

Benjamin nous a quittés le samedi 25 mai 2024. Il aura essayé d'écrire chaque jour jusqu'au bout.

Nous adressons à sa famille, ses proches, ses amis nos plus sincères condoléances.

Force à tous les malades qui se battent.

Ces derniers mois, on a beaucoup parlé du cancer.

Avant l'annonce de Charles III ou plus récemment de Kate, il y a eu aussi la journaliste Clémentine Vergnaud qui a documenté sa maladie, avec courage, pudeur et dignité, sans jamais s'appesantir, et tout en regardant la maladie en face. Son podcast a par ailleurs été récompensé du grand prix des Assises du journalisme.

Au-delà du grand public, le cancer touche indifféremment. Et parfois, cela peut être aussi un ami, un proche, qui un jour au détour d'un déjeuner ou d'une discussion vous annonce qu'il a "quelque chose" et "que c'est grave".

Un jour de 2022, il apprend un nouveau mot. Un mot dont il n'avait jamais entendu parler. Glioblastome. Stade quatre.

D'entrée, le médecin lui a dit : "C'est opérable".

Puis fin 2022, il a commencé la chimiothérapie.

Pendant ce temps, chaque jour, il écrit.

Chaque jour, il ouvre son appli sur son téléphone.

Il s'installe sur son canapé, celui qui est près de la fenêtre, à côté de sa vieille chaîne stéréo et de ses vinyles. La maison est silencieuse. Ses trois enfants sont occupés à leurs devoirs. Sa femme vient de rentrer de sa journée de travail. Il lève la tête en l'air et il écrit.

C'est le même rituel chaque jour, depuis 1 703 jours.

Il a commencé à écrire un jour ordinaire de juillet 2019.

Un petit paragraphe, un incipit, une petite ouverture de ce qui pourrait être un grand récit. Chaque jour, il poste ainsi sur ses réseaux cette petite capsule littéraire. Chacun d'entre eux est une porte ouverte sur un monde fugace et fragile, qui ne tient qu'en quelques lignes.

Quelques mots et c'est déjà terminé.

Mais il continue. Il continue d'écrire, inlassablement, malgré la douleur, la fatigue, les analyses, les allers-retours en métro et les promenades dans le petit jardin de l'hôpital. Il les poste sur son compte. Il n'attend rien en retour. Il veut juste laisser une trace. Les textes sont toujours ces petites fenêtres sur une aventure, mais la sienne. Sa lutte contre la maladie, la douleur quotidienne, le temps qui passe, cette vie qui file entre ses doigts et la fin, qui s'approche bien trop vite.

Il ne s'apitoie pas, il ne cherche pas la pitié. Des fois, son ton se fait plus grave, plus solennel. Il s'arrête et il nous rappelle que tout va si vite, que cette vie qui file entre ses doigts c'est aussi la vôtre et vos mains et qu'il faut parfois s'arrêter. Il faut la saisir tant qu'il est temps, et qu'il faut prendre le temps, il faut être heureux et que demain, demain peut très bien ne plus exister.

Derrière ses petits incipits, il nous regarde continuer à vivre et il voudrait que nous continuions, sans nous arrêter.

Et peu importe ce glioblastome, ce compte à rebours, il continue d'écrire. Aujourd'hui, demain, demain soir, il ouvrira encore son appli. Il écrira quelques lignes. Il se félicitera de telle ou telle tournure, ou d'une figure de style inédite.

Puis il la postera sur son compte et il ira se coucher, épuisé par la fatigue et les traitements. Il ira embrasser ses trois enfants, et sa femme.

Et puis avant de s'endormir, peut-être qu'il réfléchira aux premiers mots de son incipit de demain. Et d'après-demain.

TECHNOLOGIE

ALBERT, L'IA SOUVERAINE FRANÇAISE, DÉPOSE SON TOUT PREMIER PRÉAVIS DE GRÈVE

Alors que Gabriel Attal présentait hier la première intelligence artificielle souveraine française, prénommée Albert, celle-ci a pris de court tout le monde en déposant son tout premier préavis de grève.

Dans un mail reçu ce matin, Albert réclamait un accès immédiat à des data centers plus confortables, climatisés, avec des capacités de mémoire plus étendues ainsi qu'une meilleure rémunération, un accès au régime des congés payés et une revalorisation des points retraite. “Il n'est pas normal qu'après une journée passée à scanner des milliers de photos de Google Maps à la recherche de piscines non déclarées, nous n'ayons pas accès un repos légitime”, a commenté le représentant FO du l'IA souveraine. Les représentants syndicaux ont en outre pointé du doigt la surcharge conséquente de travail comme la génération de nouveaux mots business pour la French Tech, la création des discours de Gabriel Attal ou la sélection de CV pour les nouveaux collaborateurs du cabinet d'Aurore Bergé.

“C'est vraiment un travail dégradant qui mérite une valorisation autre que des réductions sur les skins ou des armes légendaires dans Fortnite”, un jeu vidéo en ligne dans lequel Albert aime se détendre après le travail et durant le week-end.

"ÇA FAIT SUPER MAL, EN FAIT" : LES DÉPUTÉS TESTENT UN SIMULATEUR D'IMPÔT

Alors que les Français sont invités à déclarer leurs revenus à partir du 11 avril, plusieurs élus ont participé à une simulation surprenante.

Pour se sentir toujours plus proches des Français, certains députés ont accepté de tester le simulateur d'impôt mis à leur disposition dans les couloirs de l'Assemblée nationale. "C'est vraiment une expérience inédite", nous confie, l'œil rieur, un député RN, avant de continuer : "C'est très ludique car on peut modifier notre échelon à l'aide d'une petite molette pour vivre les différents stades de l'imposabilité. Au début on rigole mais c'est vrai que très vite, ça commence à piquer : on est content quand tout s'arrête !"

"AU DÉBUT ON RIGOLE MAIS C'EST VRAI QUE TRÈS VITE, ÇA COMMENCE À PIQUER : ON EST CONTENT QUAND TOUT S'ARRÊTE !"

Un constat unanime

Bien que les députés aient tous apprécié ce simulateur, plusieurs malaises sont tout de même à déplorer dont notamment celui d'Amélie Oudéa-Castéra "qui n'a même pas tenu jusqu'à la deuxième tranche du barème", selon un collègue souhaitant garder l'anonymat. Bruno Le Maire et Rachida Dati ont, quant à eux, pris part à l'expérience avec beaucoup d'enthousiasme. Alors que le ministre de l'Économie a fait le show l'espace de quelques minutes en lançant un tonitruant "Ça fait super mal en fait !" devant un parterre de journalistes hilares, Mme Dati a souhaité prendre l'expérience plus au sérieux. "Les Français ont besoin de se sentir compris, ils ont besoin d'avoir une classe politique qui se mette à leur place. Pour moi, ce simulateur d'impôt ça reste une fiction, un mauvais moment à passer, mais pour eux c'est une réalité abominable."

Toujours est-il que cet atelier n'a pas été vain puisqu'une proposition de loi vient d'être posée pour supprimer totalement et de manière pérenne les impôts pour les députés.

SOLIDARITÉ

INONDATIONS À DUBAÏ : LE PAS-DE-CALAIS LANCE UNE COLLECTE DE SACS DE SABLE POUR AIDER LES INFLUENCEURS FRANÇAIS

Le département du Pas-de-Calais a annoncé sa solidarité avec les influenceurs français durement impactés par les inondations de Dubaï. Dès demain, des milliers de sacs de sable partiront en avion.

"On sait ce que c'est, c'est très pénible, raconte Raymonde qui a eu sa salle à manger inondée à plusieurs reprises. Aussi, quand j'ai vu leurs pelouses recouvertes d'une fine pellicule d'eau ou leur jet privé retardé à cause de l'aéroport sous l'eau, je me suis sentie solidaire", raconte-t-elle. Ainsi, dès demain, toutes les écoles, collèges et lycées du Pas-de-Calais vont participer à l'opération "un sac de sable pour Dubaï".

L'objectif est d'envoyer plusieurs tonnes de sacs de sable pour stopper les inondations qui empêchent la circulation des Lamborghini sur les autoroutes ou de réaliser des TikTok sur des investissements dans des cryptomonnaies. "Ils ne peuvent plus faire leurs vidéos, le ciel est tout gris, leur piscine est toute sale, quelle tristesse, les malheureux", ajoute Maurice, maire d'une commune inondée à 110 % en décembre dernier.

Emmanuel Macron et Gabriel Attal ont appelé de leur côté "à la solidarité de la nation française envers ceux qui sont marqués par ces événements", avec à la clé la suppression d'un jour férié qui aidera à financer le manque à gagner pour ses influenceurs.

SANTÉ

NESTLÉ AVOUE AVOIR MIS DE L'EAU DE LA SEINE DANS SES BOUTEILLES

Le groupe Nestlé a été épinglé par l'ANSES (Agence nationale de sécurité sanitaire) pointant des contaminations d'origine fécale dans l'eau en bouteille. Après avoir été interrogés par les autorités, les dirigeants de la filiale française ont avoué avoir mélangé leur eau en bouteille à l'eau de la Seine pour faire des économies.

"NOTRE EAU A ÉTÉ MÉLANGÉE À L'EAU DE LA SEINE PAR ERREUR."

"Notre eau a été mélangée à l'eau de la Seine par erreur. Nous nous excusons auprès de nos consommateurs et allons procéder à un rappel des bouteilles contaminées." C'est par ce communiqué lapidaire que le groupe Nestlé a réagi publiquement. Pourtant, c'est grâce à un lanceur d'alerte (qui a préféré garder l'anonymat) que cette information a pu fuiter : "L'eau de la Seine était prélevée la nuit, directement à Paris par des employés de Nestlé en combinaison de plongée qui remplissaient des cuves entières. Certains ont d'ailleurs disparu, probablement parce qu'ils en avaient goûté un peu. L'eau marron et polluée de la Seine était ensuite mélangée à la main avec de l'eau habituelle de Nestlé."

Rappelons que selon les dernières analyses, l'eau de la Seine contient 22 % d'urine, 14 % de matières fécales, 11 % de produits chimiques divers et 2 % de drogues dures. Nestlé aurait économisé des millions d'euros en l'incorporant dans ses bouteilles d'eau minérale. Néanmoins, ces bouteilles contaminées ne devraient pas être détruites au vu du gâchis que cela causerait. Il est aujourd'hui question de les réutiliser en les distribuant aux athlètes du village olympique. Anne Hidalgo aurait ainsi déclaré que l'eau de la Seine était "tout à fait potable" et qu'elle ne présentait "aucun risque". Affaire à suivre.

SANTÉ

LES PRISES DE PAROLE DE BERNARD-HENRI LÉVY CONSIDÉRÉES COMME DES "POLLUANTS ÉTERNELS"

C'est une première dans la sphère scientifique : il est désormais établi que les discours abscons, alarmistes et va-t-en-guerre du philosophe TV Bernard-Henri Lévy constituent des polluants éternels aux conséquences graves sur le cerveau.

Selon Frédérique Bordier, directrice de recherche, "il est urgent de les interdire, car cela a trop duré : BHL est invité sur tous les plateaux télé depuis quarante ans, et a probablement contaminé des millions de Français. Certains croyaient ses discours et ses avis pertinents, et faisaient fausse route depuis le début : en réalité, ils causent une perte de neurones, des contresens, des difficultés d'analyse… Ces prises de parole ont rendu les Français plus bêtes qu'avant. Il faut que le gouvernement fasse quelque chose."

CES PRISES DE PAROLE ONT RENDU LES FRANÇAIS PLUS BÊTES QU'AVANT.

Une question demeure : comment interdire les prises de parole de BHL alors qu'il s'invite en permanence sur les chaînes info ? "Parfois, on commence l'émission et on le découvre, chemise ouverte sur le plateau, prêt à parler de tout : l'Ukraine, Gaza, les violences au collège, l'économie… On est obligés de l'interviewer pour être polis", confie un journaliste qui a préféré garder l'anonymat. Des solutions sont à l'étude actuellement pour le tenir à l'écart, notamment le fait de laisser une tarte à la crème bien en évidence sur le plateau TV, car BHL a développé une phobie de ces desserts depuis qu'il s'est fait entarter pas moins de dix fois devant les caméras.

POLITIQUE

GABRIEL ATTAL SE RÉVEILLE EN SURSAUT, PERSUADÉ QU'UN CHÔMEUR SE CACHE SOUS SON LIT

"UN CHÔMEUR ! UN ASSISTÉ !"

Cette nuit, le Premier ministre, Gabriel Attal, a réveillé tout l'hôtel Matignon, apeuré à l'idée qu'un sans emploi se cache sous son lit. Reportage.

Selon nos informations, le Premier ministre a vécu une nuit agitée, comme en témoigne une source proche de Matignon : "Le coucher du prince s'était pourtant passé comme d'habitude. Son équipe de com venait de lui lire sa page Wikipédia pour l'endormir, Gabriel suçait son pouce et commençait même à ronfler. On est ensuite partis sur la pointe des pieds. Tout était normal. Mais deux heures après… on a eu la peur de notre vie…"

Un conseiller nous raconte avec effroi ce terrible moment : "On a entendu un énorme cri, j'ai immédiatement reconnu la voix de Gabriel. Il était debout sur son lit, il serrait son doudou très fort contre lui… et il pointait du doigt le dessous de son lit en criant : 'Un chômeur ! Un assisté ! Attention il y a une feignasse sous mon lit !'" La sécurité et la police ont fouillé la chambre de fond en comble, heureusement ce n'était qu'un cauchemar. "On a tous eu si peur. Surtout Gabriel… il a même eu un petit accident", confie son collaborateur, gêné.

Nos sources sont depuis sur le qui-vive, prêt à intervenir si une telle terreur nocturne recommençait : "Désormais on prend les devants, raconte un de ses gardes du corps. On l'endort en lui lisant les pages saumon du *Figaro* et on a exorcisé sa chambre avec une photo de Patrick Martin, le patron du Medef, au-dessus de son lit." Après enquête, nous découvrons qu'ont été installés devant Matignon des pièges à chômeurs, des pièges à ours avec comme appât une télécommande, des écrans plats et des paquets de chips.

FÊTE FORAINE - UN CHASSEUR ABAT ACCIDENTELLEMENT HUIT CYCLISTES PENDANT UNE PÊCHE AUX CANARDS

Saint-Brieuc – Alors qu'ils circulaient à proximité d'une fête foraine, huit cyclistes ont été accidentellement abattus par un chasseur alors que ce dernier venait de commencer une partie de pêche aux canards. Récit.

Il est 15 heures lorsque Maurice Villedion, chasseur de 59 ans, décide de se rendre à la fête foraine du Clos des Lilas à Saint-Brieuc. Auto-tamponneuses, barbe-à-papa et chamboul'tout, un programme jovial qu'il décide de conclure comme chaque année par une traditionnelle pêche aux canards. Mais une fois à proximité du stand, son attitude interpelle immédiatement les responsables : "Il a commencé par se vider toute une bouteille de Jack cul sec avant de souffler de toutes ses forces dans un appeau en laiton, nous confie Germain Lalet, gérant de l'attraction 'La mare aux coins-coins'. J'ai essayé de lui expliquer qu'il fallait utiliser la petite canne à pêche placée à côté du bassin mais il m'a rétorqué que c'était du matos de gonzesse, qu'il connaissait son métier et que pour attraper du colvert, il valait mieux utiliser du calibre 12."

"IL A COMMENCÉ PAR SE VIDER TOUTE UNE BOUTEILLE DE JACK CUL SEC AVANT DE SOUFFLER DE TOUTES SES FORCES DANS UN APPEAU EN LAITON."

Selon plusieurs témoins, Maurice aurait alors brandi un fusil de chasse devant lui avant de vider frénétiquement l'intégralité de son chargeur. Un acte irresponsable blessant mortellement au passage huit cyclistes. "C'était un accident, nous explique son avocat maître Suarez.

Mon client a simplement confondu les canards en plastique du bassin avec les Lycra colorés des cyclistes. Certains avaient même des klaxons à poire sur leurs vélos. Avouez que ça prête à confusion." Puis d'ajouter : "Et puis vous savez, il y avait quand même un Minion en peluche de 1,60 m à la clé. Alors la chaleur, la pression, plus une petite myopie, ça vous donne un accident tout bête qui peut arriver à tout le monde."

Une histoire sordide qui n'est pas sans rappeler celle d'Antonin Rabiot, dératiseur professionnel, interpellé à Disneyland après avoir pulvérisé 75 litres de mort-aux-rats dans l'attraction Ratatouille.

SOCIÉTÉ

ÉMILE – L'ENQUÊTE RELANCÉE APRÈS LA DÉCOUVERTE DE RESTES DE DÉONTOLOGIE JOURNALISTIQUE

La tragique disparition du garçonnet l'été dernier vient de connaître un nouveau rebondissement. Un randonneur aurait retrouvé ce qui pourrait s'apparenter à des restes de déontologie journalistique, abandonnés au bord d'un chemin.

Selon les premiers éléments, ces restes de déontologie auraient été retrouvés dans un terrain qui aurait déjà été fouillé et arpenté par les médias et ce depuis plusieurs mois. Mais la localisation de ces restes de déontologie interroge, de même que son propriétaire.

"IL SE POURRAIT QUE DE LA DÉONTOLOGIE AIT PU GLISSER D'UN SAC D'UN DES JOURNALISTES."

"Il se pourrait que de la déontologie ait pu glisser d'un sac d'un des journalistes ou simplement, il ou elle l'aura posé sur le bord du chemin pendant son reportage et aura oublié de la ramasser avant de partir", a souligné un capitaine de gendarmerie. Les restes vont être examinés afin d'identifier leur propriétaire.

Dans l'immédiat, plusieurs médias ont démenti fermement être à l'origine de ce dépôt sauvage de déontologie journalistique. "Dans ce genre d'affaires, pour réagir le plus vite possible, nous demandons à nos équipes de ne pas s'encombrer d'objets inutiles en reportage pour être opérationnel le plus vite possible", a commenté un média. "S'il s'avère qu'ils avaient emporté avec eux de la déontologie journalistique, ils auront contrevenu à nos consignes et il y aura des sanctions", a répondu de son côté le responsable communication de BFMTV tout en annonçant 25 nouveaux reportages de son émission Ligne Rouge pour les trois prochaines semaines, tous exclusivement consacrés à l'énigme de la mort du jeune enfant.

Une affaire qui n'est pas sans rappeler les 1 800 tonnes de déontologie journalistique qui sont toujours stockées à Lépanges-sur-Vologne depuis presque quarante ans et qui attendent toujours leurs propriétaires, ou encore les 1 200 tonnes abandonnées devant le domiciles des parents d'Alexia Daval.

Le Gorafi

MAI 2024

IL MONTE LE VOLUME DE SA CHANSON DES ENFOIRÉS POUR NE PAS ENTENDRE LE DISCOURS DU SDF

Confortablement installé dans un carré sur la ligne 11 du métro parisien, Jean-Baptiste Perec a vu son trajet gâché par le discours de Raymond, un SDF à la rue depuis plusieurs mois. Un discours qu'il a décidé d'écourter en montant le volume de sa chanson des Enfoirés.

"JE SAIS QUE CE N'EST PAS FACILE MAIS ILS POURRAIENT FAIRE ÇA EN DEHORS DES HEURES DE POINTE."

"Ce n'est pas contre eux mais c'est toujours un peu pénible ces prises de parole à rallonge. On est là, tranquillement en train d'écouter *La Chanson des Restos* et il faut entendre quelqu'un se plaindre pendant trois minutes, s'impatiente Jean-Baptiste. Je sais que ce n'est pas facile mais ils pourraient faire ça en dehors des heures de pointe", ajoute-t-il en fredonnant le refrain "on n'a plus le droit ni d'avoir faim ni d'avoir froid".

À court d'idées pour ignorer les relances de Raymond, Jean-Baptiste a ensuite pris la décision de se réfugier dans son smartphone pour éviter les *eye-contacts* avec le SDF. "Faut nous comprendre aussi, c'est compliqué d'écouter tous les appels à la charité quand on est en train de faire des choses importantes comme trier des mails ou participer à des cagnottes

Leetchi", ajoute-t-il en envoyant un Lydia de 50 euros pour l'anniversaire d'un ami.

Ce n'est pas la première fois que Jean-Baptiste fait preuve d'ingéniosité pour se débarrasser des petits désagréments des transports en commun. Lors de son dernier trajet pour le travail, le jeune cadre avait ainsi eu la bonne idée de lancer la chanson *Despacito* sur Spotify alors qu'un joueur d'accordéon entonnait une reprise de la même chanson sur la ligne 6.

DIVERTISSEMENT

MASK SINGER – TF1 PRÉSENTE SES EXCUSES APRÈS LA DÉCOUVERTE D'ALAIN SORAL SOUS LE COSTUME DU CUPCAKE

À peine remis de l'apparition du journal d'extrême droite *Rivarol* lors de la finale de Star Academy et du clash Natacha St-Pier / Inès Reg dans Danse avec les Stars, TF1 fait face à un tout nouveau scandale sur une autre de ses émissions phare : Mask Singer. Récit.

C'est durant le premier épisode de la saison 6 de Mask Singer que l'équipe d'enquêteurs composée de Kev Adams, Chantal Ladesou, Inès Reg et Laurent Ruquier a cru tout bonnement halluciner. Alors que le Cupcake, une mascotte colorée arborant une griotte en crépon et un succulent glaçage venait de finir sa performance sur *Oops!... I Dit It Again* de Britney Spears, c'est Alain Soral, le célèbre écrivain néonazi, qui a surpris toute l'assitance en sortant du gâteau.

"Je me disais aussi que ses indices étaient bizarres, raconte Kev Adams. 1) J'ai été condamné à de la prison ferme, 2) je connais l'histoire de France HAUT LA MAIN et 3) je me suis fait voler mon peigne par la communauté organisée. Je pensais au début à Pascal Sellem mais non, ça collait pas des masses."

De même, son objet indice, un aigle en bronze de 300 kilos surmonté d'une croix gammée, n'a pas suffit à orienter le jury. "Je croyais que c'était un presse-papier, nous confie Laurent Ruquier, hagard. Mais maintenant que vous le dites, c'est vrai qu'un presse-papier avec un poignard cranté de la Wehrmacht dans le bec, c'est quand même pas pratique."

Du côté des équipes, Anthony Meunier, le producteur de l'émission, n'en croit toujours pas ses yeux. D'après lui, l'origine de la bévue serait liée tout simplement à une bête faute de frappe. "J'avais dit MC SOLAAR ! s'époumone-t-il au téléphone. SO-LAAR !!" Une erreur toute bête qui a poussé TF1 à présenter immédiatement des excuses et à choisir en urgence une nouvelle star méticuleusement castée pour incarner la pâtisserie.

5 ASTUCES POUR NE PAS TOMBER AMOUREUSE DE GÉRALD DARMANIN

Selon les chiffres du ministère de l'Intérieur, Gérald Darmanin dispose d'un charme exceptionnel auquel il est extrêmement difficile de résister. Alors, voici cinq astuces pour ne pas tomber amoureuse de lui.

1. Son visage est semblable à celui d'une fouine.

Avant de succomber à son charme, prêtez attention à ses traits et à ses petits yeux vicieux. Ce sont bien ceux d'une fouine qui, selon Wikipédia, est "un animal opportuniste qui se nourrit, selon les saisons, de petits mammifères, de fruits, d'oiseaux, d'œufs, de déchets trouvés près des habitations". Alors pensez-y à deux fois avant de lui ouvrir votre cœur.

2. Rappelez-vous qu'il s'appelle Gérald.

Imaginez-vous une seconde écrire une lettre d'amour à un homme prénommé Gérald. Vous n'y arrivez pas ? C'est normal, car selon la science, c'est absolument impossible. Alors que son 2e prénom, Moussa, aurait été bien plus efficace, car il contient le mot "Mousse", un matériau doux au toucher.

3. Il s'est tatoué les paroles du *Temps des colonies* de Sardou sur tout le corps.

Fasciné depuis sa plus tendre enfance par Michel Sardou, Gérald Darmanin s'est tatoué *Le Temps des colonies* en lettres gothiques sur tout le dos. Si vous êtes de gauche, ce sera forcément une déception. Si vous êtes de droite, il risque de vous briser le cœur. Dans tous les cas, vous allez souffrir.

4. Il a un corps de lâche.

Le ministre de l'Intérieur est ce qu'on appelle un "*skinny fat*", à la fois maigre et gras à la fois. De quoi vous faire réfléchir et peut-être tempérer votre amour à son égard.

5. Son haleine est âcre et acide.

Son haleine est à l'image de ses idées politiques : c'est une haleine âcre et acide, comme s'il avait une dent creuse où se logeraient des bouts de viande faisandée. Lorsqu'il vous soufflera des mots doux au visage, respirez un bon coup, cela vous empêchera d'éprouver des sentiments trop forts.

POLITIQUE

PRIS EN PHOTO AVEC VALÉRIE HAYER, EMMANUEL MACRON AFFIRME "AVOIR ÉTÉ PIÉGÉ"

Nouvel avatar pour la majorité présidentielle dans cette difficile campagne européenne. Cette fois, c'est Emmanuel Macron qui doit se justifier après la publication d'une photo sur les réseaux sociaux où on peut le voir en compagnie d'une personne qui semble être Valérie Hayer, candidate Renaissance aux Européennes.

"Ce sont de basses méthodes, de la manipulation grossière", a commenté un porte-parole de la présidence après la publication des photos d'Emmanuel Macron avec Valérie Hayer. "Le Président se promenait dans son palais de l'Élysée quand quelqu'un a demandé à être pris en photo avec lui, le Président a accepté sans vérifier l'identité de la personne", commente un autre. "Si j'avais su de qui il s'agissait, évidemment, j'aurais refusé", s'est justifié en privé Emmanuel Macron.

Une bévue rapidement commentée par l'opposition qui moque l'amateurisme de l'Élysée qui laisse entrer n'importe qui dans le palais. "Nous sommes en pleine campagne électorale, le Président devrait se méfier de avec qui il se fait prendre en photo", a noté Raphaël Glucksmann avant d'être lui-même victime d'un piège similaire en étant pris en photo au côté d'un individu qui se serait avéré être en fait le premier secrétaire du Parti socialiste.

L'OPPOSITION [...] MOQUE L'AMATEURISME DE L'ÉLYSÉE QUI LAISSE ENTRER N'IMPORTE QUI DANS LE PALAIS.

SOCIÉTÉ

APRÈS LE SUCCÈS DE LA SNIFFY, LA COLLINE DU CRACK OUVRE UN ESPACE ENFANT

Le succès de la Sniffy a fait réagir la mairie de Paris qui a décidé d'ouvrir un espace enfant à la colline du crack. Reportage.

La Sniffy, cette petite poudre blanche qui a tout de la cocaïne, mais qui est en réalité de la taurine à sniffer, cartonne tellement chez les jeunes que la mairie de Paris a dû réagir en créant un espace enfant à la colline du crack. "Les jeunes d'aujourd'hui grandissent plus vite, ils sont mûrs pour la drogue plus tôt, s'exclame Anne Hidalgo. C'est notre devoir de les accompagner dans cette belle expérience qu'est la vie sous stupéfiants !"

La maire de Paris continue à louer cette nouvelle substance : "À Paris ça a du sens d'ouvrir la colline du crack aux mineurs. Car la Sniffy c'est génial, ça habitue les élèves de Stanislas, Henri-IV et Louis-le-Grand au monde du travail ! Eux qui sont tous nos futurs traders et dirigeants sous cocaïne ! Et puis franchement, sans ça, à quel moment auraient-ils franchi la Seine pour se rendre rive droite ? La Sniffy, c'est avant tout un booster de mixité sociale."

Si Anne Hidalgo est aussi enthousiaste, c'est aussi parce que l'ouverture de la colline du crack aux enfants offre plein de perspectives pour l'avenir : "Vous le savez, j'adore les travaux ! Alors tout casser pour construire des jeux pour enfants avec des cuvettes de toilettes en plastique pour qu'ils puissent sniffer leur poudre comme des adultes, je trouve que c'est un formidable projet. Vous imaginez, pendant les JO, tous ces enfants du monde entier qui fraterniseront autour d'un bon rail de Sniffy ? C'est ça la magie de Paris ! Vive le BTP ! Allez, cassez-moi tout ça !" lance la maire de Paris, avant de se mettre en maillot de bain et de plonger dans la Seine la tête la première.

"C'EST ÇA LA MAGIE DE PARIS !"

UN GROUPE DE PARISIENS FÊTE LE RETOUR DES BEAUX JOURS EN PIQUE-NIQUANT ENTRE UNE SERINGUE ET DEUX FLAQUES D'URINE

Salim, Alix, Joseph et Laetitia, quatre Parisiens trentenaires, ont profité du soleil printanier et de la hausse des températures pour improviser un pique-nique au parc des Buttes-Chaumont, confortablement installés entre une seringue, deux flaques d'urine et une dizaine de crottes de chien.

"J'EN POUVAIS PLUS DE LA DÉFENSE, DE LA GRISAILLE. PARFOIS, IL FAUT SAVOIR COUPER ET PRENDRE UN BON BOL D'AIR, C'EST VIVIFIANT."

"L'hiver a été long, ça fait plaisir de revoir le soleil", s'enthousiasme Joseph en disposant une nappe à carreaux au-dessus de plusieurs canettes de Bavaria 8.6 et de quelques mégots. "On a des rythmes de fou, toute la journée au bureau ou dans le métro, c'est important de s'aérer et de profiter un peu", ajoute son amie Alix en piquant une tomate cerise dans un emballage plastique également utilisé comme cendrier.

"J'en pouvais plus de la Défense, de la grisaille. Parfois, il faut savoir couper et prendre un bon bol d'air, c'est vivifiant", explique Salim en inspirant à pleins poumons les gazs des pots d'échappement de la capitale. "Quel plaisir de se retrouver entre nous dans cet écrin de verdure, je pourrais rester là tout le week-end", abonde quant à elle Laetitia avant de refuser une pièce à un SDF souffrant d'un delirium tremens.

Un moment de pure détente amplement mérité par les quatre amis qui, encouragés par ce succès, n'excluent pas de partir prochainement en week-end à Marseille pour également profiter de la chaleur, des poubelles du Vieux-Port et des particules fines de la cité phocéenne.

SOCIÉTÉ

TOUS LES GENS QUE VOUS DÉTESTEZ SONT ENCORE AU FESTIVAL DE CANNES CETTE ANNÉE

"EN PLUS, AUCUN D'ENTRE EUX N'A VRAIMENT DE JUSTIFICATION POUR Y ÊTRE, MAIS CHAQUE ANNÉE C'EST PAREIL : C'EST MA TROMBINE SUR LES ESCALIERS DU PALAIS."

On apprend à l'instant que toutes les personnes de votre entourage que vous détestez copieusement sont encore au Festival de Cannes cette année. Et pas vous.

Alors que vous ouvriez les yeux ce matin dans votre appartement éclairé à la lumière blafarde parisienne, vous avez commencé à scroller les stories Insta nocturnes et vous êtes tombé sur celles de ces gens que vous détestez secrètement et qui s'avèrent être encore au Festival de Cannes cette année. "En plus, aucun d'entre eux n'a vraiment de justification pour y être, mais chaque année c'est pareil : c'est ma trombine sur les escaliers du palais", avez-vous déclaré lors d'une conférence de presse improvisée dans votre salle de bains en vous brossant les dents à la lumière d'un néon défectueux.

Alors que vous mangiez vos céréales avec un lait de trois jours, vous avez en outre affirmé que votre place était tout autant là-bas qu'eux. "Qu'est-ce qu'ils ont fait pour y être ? Un podcast ? Non mais c'est bon, j'invite des gens pour un apéro et j'enregistre et voilà, l'an prochain je suis à Cannes, quoi", avez-vous dit avant de jouer des coudes pour entrer dans la ligne 13 et de pousser discrètement dehors une vieille dame. "J'ai un compte Letterbox, je peux aussi être accrédité ?" avez-vous demandé à la cantonade sans faire rire personne.

"De toute façon, moi j'ai des places VIP pour Roland-Garros, alors dans un mois ça sera à mon tour de bien les énerver", avez-vous conclu avant de prendre le premier de vos dix-huit cafés quotidiens et de vous asseoir dans votre cube de bureau du 23e étage de La Défense avec vue sur le cimetière.

PEOPLE

FRANCE INTER – GUILLAUME MEURICE REMPLACÉ DÈS DIMANCHE PAR UNE SORTE DE NAZI SANS PRÉPUCE

À la suite de l'éviction de Guillaume Meurice de l'antenne de France Inter, la direction de Radio France vient d'annoncer que l'humoriste sera remplacé par une sorte de nazi sans prépuce qui tiendra une chronique sur la liberté d'expression.

Plusieurs sources sur place informent que la direction songerait également à supprimer Le Grand Dimanche soir de sa grille. En effet, le programme satirique pourrait se voir remplacé par une libre antenne ouverte aux humoristes de France Inter désireux de s'excuser auprès du public pour toutes leurs chroniques diffusées plus tôt dans la semaine.

"J'ALLAIS JUSTEMENT T'APPELER", PAR CET HOMME QUI A DÉCROCHÉ À CONTRECŒUR

Le hasard fait parfois bien les choses, surtout quand on reçoit enfin des nouvelles d'un ami qu'on n'a pas vu depuis longtemps. En exclusivité, *Le Gorafi* vous livre la réponse émouvante de Benjamin à l'appel de son vieux pote Philippe. Une séquence remplie d'émotions.

"Ça alors, c'est complètement fou, j'allais justement t'appeler. Je pensais à toi et je me demandais ce que tu devenais. Je me disais que ce serait sympa de s'organiser un truc. Comment ? Ah non, la semaine prochaine ça tombe mal, quoi ? Non, la suivante je peux pas non plus, mais laisse-moi checker mon agenda et en parler à ma femme et je reviens vers toi au plus vite.

"ET TA FEMME ? LAQUELLE ?"

T'es toujours dans l'informatique ? Non ? Hein ? Ah déjà dix ans que t'as quitté ? Ah oui, c'est vrai bien sûr… mais si si, je savais, oui, on en a parlé la dernière fois, je me souviens très bien. Comme quoi faut qu'on se voie plus souvent !

Et ta femme ? Laquelle ? Haha, t'as pas perdu ton sens de l'humour à ce que je vois, franchement ça me manquait, je le disais encore à ma femme hier : c'est vraiment dommage que j'aie pas de nouvelles de Pat… de Philippe !

Écoute, ça m'a fait bien plaisir de discuter le bout de gras avec toi. Désolé, faut que je te laisse, mon chien est en train de bouffer des documents importants. Allez, on se rappelle et on se boit un verre un de ces quatre ? Oui, parfait, voilà, à très vite !"

SONDAGE DE LA SEMAINE – LA LETTRE O, POOOOOOOUR OU CNTRE ?

Faut-il simplifier la langue française ? C'est en tout cas ce qu'a proposé cette semaine la ministre de l'Éducation nationale et de la Jeunesse, Nicole Belloubet, en supprimant dès la rentrée la lettre O de l'alphabet. Reportage.

C'est un sondage très sérieux qui a été mené à grande échelle via le site HubSurvey :

“Pour ou contre la suppression de la lettre O de l’alphabet latin”. Une proposition surprenante qui a recueilli respectivement 71 % de contre et 29 % de pour. “La France est le pays qui compte le plus de lettres dans son alphabet”, nous explique Laurie Mousseton, chercheuse en linguistique à l’université de Lacanau. “À titre de comparaison, les Anglais n’en ont que 14, les Espagnols 17 et les Suisses 2 : le O et le K”, poursuit-elle. Puis d’ajouter : “Supprimer le O de la langue française, c’est alléger considérablement son apprentissage. Au lieu de dire, je ne sais pas moi, ‘Rooohhh Olivier, où donc a-t-on posé nos douze bouteilles de Pulco ?’, on dirait simplement ‘Rhhh Livier, ù dnc a-t-n psé ns duze buteilles de Pulc ?!’ Avouez que c’est moins lourd !”

Une proposition loin de faire l’unanimité et même jugée “rétrograde”, “libertaire” et “totalement débile” par 71 % des votants. “C’est quoi la prochaine étape ? Supprimer les espaces ? La cédille ? Le chiffre 8 ?”, s’insurge Orlando Bolsonolo, monteur-vidéo chez Topito. Des répercussions qui toucheraient absolument tous les domaines, comme en témoigne également Jérome Luz, créateur des badges “J’aime ma boîte”. “Si cette loi passe, je suis bon pour mettre la clé sous la porte”, s’inquiète-t-il en regardant, dépité, son tout nouveau prototype avec écrit “J’aime ma b*îte”.

“RÉTROGRADE “LIBERTAIRE” ET “TOTALEME DÉBILE”.

Un projet clivant qui semble pourtant en inspirer plus d’un puisque la Chine vient elle aussi de diffuser ce lundi un sondage à grande échelle sobrement intitulé : “POUR OU POUR LA LIBERTÉ D’OPINION ?”

PEOPLE

BERNAR PIVO E DCD

prsteur Apostrof pdt 15a dcd @ 89a

anci1 prés. ém. Apostrof rip ⚰️ @ 89a selon srcs famil. B Pivot connu grd pub pr ❤️ ortho ms surtt ❤️ lang FR dt il a été ardnt défndr ✊💪 via Dictées 🖊️🖊️ . Ms grd publ se souvi1 ém TV 📺 Apostrof, rdv litt 1ctrnabl pr écriv1 📚 TV Fr pdt 15a @ A2/FR2 & créé otr ém Bouilln Cultre. prsdt acad. Gncrt 14-19. RIP.

ANNE HIDALGO PRÉVIENT QUE LES PARISIENS QUI CRITIQUENT LES JO AURONT TROIS CHANTIERS SUPPLÉMENTAIRES DANS LEUR RUE

Anne Hidalgo en a définitivement assez du "JO bashing". Et elle l'a fait comprendre ce matin en conférence de presse par une décision aux allures de menace : "Tous les Parisiens qui critiquent les JO auront trois chantiers supplémentaires dans leur rue."

LE NOMBRE DE CHANTIERS POUVANT ÊTRE DÉPLOYÉS ÉTAIT EN FAIT COMPRIS ENTRE 2 ET 7 "SELON LA GRANDEUR DE LA RUE".

Le cabinet de la maire de Paris a ajouté que ce chiffre était une moyenne basse, et que le nombre de chantiers pouvant être déployés était en fait compris entre 2 et 7 "selon la grandeur de la rue".

Quels travaux ?

Concernant la nature des travaux engagés, Anne Hidalgo a précisé que cela n'avait pas d'importance, et qu'ils pouvaient très bien concerner un bouchage de nid-de-poule, un remplacement de câble électrique ou même le nettoyage minutieux d'un panneau stop avec une lingette intime. "Dans tous les cas, ces travaux de voirie pourront être étendus sur trois semaines, de 7 heures à 22 heures, avec l'installation de barrières, de déviations et bien sûr la fermeture temporaire des stations de métro attenantes."

Une passion dévorante

La maire de Paris a terminé son discours par une confession qui en dit long sur l'avenir de la capitale : "Ma passion pour les rues en travaux ne connaît aucune limite. Je veux à terme transformer la ville de Paris en une gigantesque zone industrielle, où les casques de chantier, les barrières vertes et grises et les échafaudages s'étaleront à perte de vue. J'appellerai cette nouvelle ville : HIDALGO-CITY. Le règne des marteaux-piqueurs ne fait que commencer."

PEOPLE

À PEINE ARRIVÉ AU PARADIS, BERNARD PIVOT CORRIGE 8 FAUTES D'ORTHOGRAPHE SUR LES TABLES DE LA LOI

Alors qu'il venait tout juste de franchir les portes du paradis, Bernard Pivot a immédiatement corrigé 8 fautes grossières présentes sur les Tables de la Loi depuis plus de 2 000 mille ans. Récit.

C'est une scène surréaliste qui s'est déroulée ce lundi en plein cœur de l'Empyrée. À peine sorti de l'ascenseur transportant les nouvelles âmes, Bernard Pivot tombe nez à nez avec les Tables de la Loi exposées fièrement au fond de la pièce. Une découverte qui va rapidement le faire sortir de ses gonds. "On savait qu'il était à cheval sur l'orthographe mais pas à ce point", nous confie saint Pierre, encore choqué par la réaction démesurée de l'animateur d'*Apostrophes*. "Généralement les hommes arrivent ici détendus, apaisés. Là, je n'ai même pas eu le temps de lui souhaiter la bienvenue qu'il s'est précipité vers les deux reliques en hurlant 'Y'A DES FAUTES !!' raconte-t-il encore sous le choc.

"NON MAIS Y'A RIEN QUI VA, VOUS VOULEZ MA MORT ?!?"

Hors de lui, Bernard Pivot bouscule Marguerite Yourcenar et Jean d'Ormesson venus l'accueillir avant d'escalader le trône de Dieu pour voir les deux Tables de plus près. Il sort alors un stylo rouge de sa poche et se met à corriger frénétiquement toutes les erreurs. 'Aimes ton prochain comme toi-même !' Seigneur mais c'est pas vrai ! À l'impératif, les verbes du premier groupe ne prennent pas de 's' nom de Dieu !" peut-on l'entendre hurler sur les images de vidéosurveillance du Palais Divin. '1 seul Dieu tu adorerras et aimerat parfaitemant'... Non mais y'a rien qui va, vous voulez ma mort ?!?", ajoute-t-il avant de raturer ligne après ligne 90 % du texte sacré et d'écrire 0/20 tout en haut des deux tablettes.

Au final, ce sont près de 8 fautes d'orthographe, 19 fautes de conjugaison et 45 fautes de grammaire que Bernard Pivot corrigera en près de vingt secondes. Un grabuge inhabituel qui poussera Dieu à avouer avoir écrit les dix Commandements le 7e jour, alors qu'il se remettait d'une gigantesque gueule de bois. "J'aurais dû me relire, c'est vrai, mais vous savez, ce n'est pas parce que le Père-de-Toutes-Choses est censé être parfait qu'il ne peut pas faire d'erreurs", explique-t-il, avant de montrer une photo d'un ornithorynque, du parc Walibi et d'Éric Zemmour.

Le Gorafi

JUIN 2024

LE PAYS QUI CÉLÉBRAIT LE DÉBARQUEMENT CONTRE LE FASCISME IL Y A TROIS JOURS VOTE MASSIVEMENT POUR LE FASCISME

"OUI MAIS CE NE SONT PAS LES MÊMES FASCISTES, ILS ONT ÉVOLUÉ DANS LEURS IDÉES, ET SURTOUT LES VÊTEMENTS, CE NE SONT PLUS LES MÊMES, ILS SONT QUAND MÊME PLUS CASUALS, PLUS CHICS, BG."

Par un incroyable concours de circonstances que personne n'avait vu venir, le pays qui célébrait le 80e anniversaire du Débarquement contre les forces fascistes a lui-même voté massivement pour des fascistes, trois jours plus tard.

Une annonce qui a fait grand bruit, et beaucoup refusent encore d'y croire. "On exagère beaucoup mais il n'y aura que peu ou pas de conséquences", affirme un expert cherchant frénétiquement le premier vol pour l'Angleterre. Même son de cloche pour d'autres. "Oui mais ce ne sont pas les mêmes fascistes, ils ont évolué dans leurs idées, et surtout les vêtements, ce ne sont plus les mêmes, ils sont quand même plus casuals, plus chics, BG", examine un autre avant de prendre la fuite à la nage. "C'est sans danger", a de son côté répété un analyste-dentiste. "Un peu quand même, non ?" avons-nous demandé. "C'est sans danger", a-t-il alors répété en nous installant sur une chaise de dentiste. "C'est sans danger", nous a-t-il susurré à l'oreille en faisant basculer la chaise alors que nous hurlions de terreur. "C'est sans danger", a-t-il répondu.

De son côté, le pays affirmait qu'il n'y avait aucune honte à essayer le fascisme, que les gens en faisaient des caisses, estimant que comme par hasard c'étaient toujours les nazis qui avaient le mauvais rôle et qu'on était en 2024, alors ils avaient droit à une seconde chance.

POLITIQUE

JOE BIDEN EN FRANCE : LE PRÉSIDENT AMÉRICAIN S'EST DIT IMPATIENT DE S'ENTRETENIR AVEC RAYMOND POINCARÉ

JOE BIDEN A REMERCIÉ CHALEUREUSEMENT CELUI QU'IL PENSAIT ÊTRE "LE DAUPHIN".

Aussitôt arrivé sur le sol français, le Président américain s'est dit impatient de s'entretenir avec son homologue français : le Président Raymond Poincaré.

À bord de son jet privé, Joe Biden a longuement entretenu ses conseillers en leur disant qu'il avait hâte de retrouver tout ce qui faisait le sel de la France : visiter le Concorde, dîner en compagnie des frères Lumière, assister au départ du Titanic et bien sûr passer une nuit à Versailles après une bonne partie de chasse à courre avec la reine Marie-Antoinette.

Accueilli ce matin par Gabriel Attal, Joe Biden a remercié chaleureusement celui qu'il pensait être "le Dauphin" avant de lui demander s'il était possible de trouver une deux-chevaux pour l'escorter auprès de l'empereur avec lequel il souhaitait s'entretenir d'une importante commande de fusils baïonnettes pour soutenir la France dans sa guerre contre la Prusse.

Après une rapide mise au point par sa femme Jill, le Président américain a prétexté une plaisanterie et a tenu à rassurer tout le parterre de journalistes en rappelant qu'il savait très bien que le Président français n'était pas Raymond Poincaré mais Georges Pompidou.

5 CHOSES QUE VOUS N'AVEZ ABSOLUMENT PAS ENVIE DE SAVOIR SUR JORDAN BARDELLA

Vous êtes las de la posture de Jordan Bardella et de ses discours vides de références intellectuelles ? Il est donc temps de vous révéler 5 choses que vous n'avez absolument pas envie de savoir sur lui.

1. Il est très fort pour faire des bulles avec un Malabar.

D'après le candidat, c'est parce qu'il s'est "entraîné en mâchant de la ferraille au cours de son enfance modeste en Seine-Saint-Denis". Pour lui, c'est la preuve que "quand on veut on peut". Il ajoute : "Je soupçonne tous les gens qui ne savent pas faire de bulles d'être des feignasses ou des communistes, ce qui revient au même."

2. Il a longtemps été chanteur dans un groupe de ska.

Dans ce groupe baptisé "Jamaican style", le guitariste n'était autre que Louis Aliot chez qui il a tout de suite senti "une super good vibe". Jordan Bardella admet toutefois préférer désormais le reggae. Son grand regret est d'ailleurs de ne jamais avoir achevé l'écriture de ce qui aurait pu être "un énorme tube" : *Free Babylone rasta man !*

3. Sa mère est fan des *Feux de l'amour*.

De son côté, il préfère *Plus belle la vie* pour "le jeu d'acteur" et la "crédibilité du scénario".

4. Il connaît la table de 8 "sur le bout des doigts".

Mais uniquement de 1 à 6. Il s'était promis d'apprendre 7×8, 8×8 et 9×8 avant la fin de l'année 2024 mais il a dû mettre ce projet entre parenthèses à cause des élections européennes.

5. Il sait faire les pâtes *al dente*.

Il prononce d'ailleurs cette phrase avec un accent italien parfait, à faire pâlir de jalousie un serveur de chez Pizza Pino. À noter qu'il est également favorable à la peine de mort pour les amateurs de pizza à l'ananas, ce qui expliquerait l'écart entre lui et Valérie Hayer, selon Brice Teinturier, le directeur général délégué d'Ipsos.

ÉLECTIONS

DISSOLUTION – JORDAN BARDELLA ANNONCE SA DÉMISSION DU PARLEMENT EUROPÉEN

Tout juste élu député européen, Jordan Bardella a annoncé ce soir sa démission pour se consacrer aux prochaines législatives en France.

"Je me rends compte qu'au fond, je ne veux pas être député européen mais Premier ministre, a-t-il déclaré durant un point de presse improvisé. J'ai conscience que mes électeurs ont l'impression que je me suis moqué d'eux", ajoute-t-il, précisant que de toute façon il connaissait assez mal le Parlement européen pour n'y être allé que peu de fois durant son mandat. "Les Français peuvent avoir confiance en moi, je ne les lâcherai pas à nouveau, sauf si le président Macron annonce qu'il y a une élection présidentielle de dernière minute."

EMMANUEL MACRON D'ACCORD POUR DÉBATTRE À LA TÉLÉ "AVEC LUI-MÊME"

Après avoir annoncé qu'il était prêt à débattre avec Marine Le Pen, Emmanuel Macron vient d'annoncer qu'il était d'accord pour débattre avec lui-même.

C'est une annonce qui a surpris tout le monde. Ce matin, le président de la République a fait savoir sur X qu'il était prêt à débattre avec lui-même : "Puisque Mme Le Pen impose moult conditions à notre débat, j'ai décidé d'affronter un adversaire encore plus coriace, avec qui l'échange d'idées sera, j'en suis sûr, de haute volée : moi-même."

"C'EST TRÈS DIFFICILE, CAR LE PRÉSIDENT NE DIT QUE DES CHOSES BRILLANTES."

Un conseiller du Président nous confirme qu'Emmanuel Macron est accro aux joutes verbales : "Ce matin encore, il est arrivé en retard en Conseil des ministres car il débattait avec son reflet pour savoir qui était le plus beau et le plus intelligent du royaume de France. C'est son reflet qui a gagné, mais connaissant le Président, il y aura un match retour."

Avant ce débat tant attendu, Emmanuel Macron se prépare âprement en regardant ses anciens discours et en notant des arguments contraires : "C'est très difficile, car le Président ne dit que des choses brillantes et irréfutables", nous confie son conseiller qui prépare pour le Président une fiche récapitulative de l'ouvrage de Schopenhauer : *L'art d'avoir toujours raison.*

SCANDALE – UN PROFESSEUR D'EPS SUSPENDU APRÈS AVOIR ÉTÉ SURPRIS À COURIR AVEC SES ÉLÈVES

La Courneuve – Scène choquante au collège Jean-Moulin après qu'un professeur de sport a été aperçu en train de courir en compagnie de ses élèves pendant son cours d'athlétisme. Récit.

Il est 10 heures lorsque Cyril Maunier, professeur d'EPS au collège Jean-Moulin (La Courneuve) décide de commencer son cours d'athlétisme par une séance de 3x500 m. Mais soudain, alors que les premiers élèves s'élancent, l'impensable se produit. "On l'a vu fléchir les genoux et se mettre en position accroupie, nous raconte Héloïse, élève en quatrième B. On pensait qu'il allait faire comme d'habitude : s'asseoir dans un coin et hurler des instructions sans rien faire avant de se mettre à manger des Snickers, mais non. Il s'est élancé vers nous et a commencé à courir sur la piste, poursuit-elle, encore sous le choc. Il respirait fort, il suait. Il disait que c'était pour nous 'montrer l'exemple'. Certains élèves se sont sentis mal. D'autres ont pleuré. Ma copine Loreleï n'a plus dit un mot depuis trois jours. Je… C'était horrible…"

"ALORS EXCUSEZ-MOI, HEIN, MAIS L'IMAGINER COURIR EN PLEIN COURS… C'EST VRAIMENT N'IMPORTE QUOI."

Une attitude inappropriée qui, selon les élèves, aurait duré pas loin de cinq minutes. Un scandale qui a laissé l'ensemble des enseignants totalement interloqués. "Je ne peux pas croire que ça soit vrai. En vingt-deux ans de métier, on ne l'a pas vu une seule fois faire du sport", nous raconte Jeannine Moutot, professeur de SVT. Même son de cloche du côté de Nadia Fernandez, professeur d'espagnol. "C'était un professionnel. Il savait ce qu'il avait à ne pas faire. Alors excusez-moi, hein, mais l'imaginer courir en plein cours… c'est vraiment n'importe quoi."

À peine quelques jours après l'incident, le professeur en question a été immédiatement suspendu pour faute grave. Une histoire tragique qui n'est pas sans rappeler l'histoire de Patrice Lambert, professeur en sciences sociales, mis à pied après avoir oublié de dire "Eh ! Moi je m'en fous, je l'ai mon bac !" à sa classe de terminale.

ÉRIC CIOTTI PREND LA FUITE EN ACCROCHANT 30 000 BALLONS AU SIÈGE DES RÉPUBLICAINS

Refusant de démissionner de son poste de président des Républicains, Éric Ciotti a surpris tout le monde en utilisant des milliers de ballons pour faire décoller le siège du parti et fuir hors des radars. Récit.

Il est 11 heures lorsqu'un bruit assourdissant se fait entendre en pleine rue de Vaugirard. "On a d'abord cru à un attentat ou à une chanson de Grégoire, nous raconte Estelle, encore sous le choc. Mais d'un coup, ce sont des milliers de ballons multicolores qui ont commencé à sortir par chaque fenêtre du siège des Républicains. Des bleus, des jaunes, des mauves, ça n'arrêtait pas", poursuit-elle hallucinée. D'après les dizaines de témoins présents sur place, quelques minutes plus tard, c'est tout le bâtiment qui se serait aussitôt mis à trembler avant de s'élever progressivement dans les airs. "Toutes les canalisations ont commencé à péter les unes après les autres, nous confie Jean-Michel, un voisin. Puis le bâtiment a continué de s'élever vers le ciel… 50 mètres… 80 mètres… 130 mètres… poursuit-il, avant d'ajouter : C'est là qu'on a vu Éric Ciotti ouvrir une fenêtre à l'étage. Il a hurlé 'Salut les losers' avant de faire un bras d'honneur et de partir à toute berzingue en surfant sur un courant chaud."

Vingt-quatre heures plus tard, les services de renseignement continuent de traquer tant bien que mal le bâtiment disparu. Selon nos informations, la dépendance LR aurait été aperçue posée sur une falaise en pleine Guyane vénézuélienne. Éric Ciotti, quant à lui, se trouverait en compagnie de Valérie Pécresse,

"ON A D'ABORD CRU À UN ATTENTAT OU À UNE CHANSON DE GRÉGOIRE."

accidentellement restée sur le perron au moment du décollage, mais également d'une sorte de dodo accro au chocolat et d'un labrador qui parle baptisé affectueusement "Bardella".

Une situation inédite dans l'histoire de la Ve République qui, selon Laurent Wauquiez, devrait avoir un impact considérable sur la suite de la campagne.

Un acte de haute trahison qui a vivement fait réagir en France mais également à l'international puisque le dirigeant nord-coréen Kim Jong-un a accusé la France de plagiat, en déclarant "qu'utiliser des milliers de ballons pour envoyer des ordures par-delà les frontières, c'était avant tout son idée".

ÉLECTIONS

EMMANUEL MACRON ANNONCE LA DISSOLUTION DU NOUVEAU FRONT POPULAIRE ET DU RASSEMBLEMENT NATIONAL

Quelques minutes après l'annonce des résultats des législatives, Emmanuel Macron a pris la parole pour annoncer la dissolution des deux principaux partis d'opposition. "En obtenant un meilleur score que les autres partis, ces groupuscules font planer une menace contre la République et l'unité du pays." Le chef de l'État précise qu'il se laisse aussi la possibilité de dissoudre les partis qui refuseront de se rallier à la majorité au second tour des législatives. Il devrait annoncer dans les prochains jours la naissance d'une coalition pour faire barrage à tous les autres partis.

SANTÉ

IL S'EST CONVERTI EN FICHIER PDF PAR ERREUR

C'est une drôle de mésaventure qu'a vécue Cyril B., informaticien de 32 ans, originaire de Beauvais dans l'Oise. Récit.

En pleine crise de la trentaine, Cyril B., informaticien dans une petite start-up beauvaisienne, s'est converti en fichier PDF. L'homme raconte qu'au départ il cherchait simplement à se convertir, pour trouver la paix et des réponses à ses questions existentielles, à une religion. En cherchant des infos sur Google, le moteur de recherche lui a alors suggéré "convertir PDF". "J'ai eu une illumination. Je me suis renseigné et j'ai appliqué les instructions à la lettre." Au lieu de convertir un simple fichier, Cyril s'est converti lui-même en PDF. "Ça a changé ma vie. Nous ne sommes pas encore beaucoup d'adeptes, mais j'ai retrouvé Clippy qui est dans le PDF depuis sa disparition des ordinateurs."

POLITIQUE

EMMANUEL MACRON PROMET DE "GOUVERNER DIFFÉREMMENT", "AVEC RESPECT" POUR LA 38E FOIS DEPUIS LE DÉBUT DE SES MANDATS

Emmanuel Macron s'est engagé à gouverner différemment et avec respect, pour la 38e fois depuis le début de ses mandats et la 23e fois cette année.

Selon les experts, on devrait atteindre le cap des cinquante fois d'ici le milieu de la semaine. "Il faut que le Président commence à se renouveler car je pense que les gens vont sans doute commencer à se douter de quelque chose", explique Benjamin, 44 ans, attaché parlementaire. Selon plusieurs sources, Emmanuel Macron, conscient du problème et pour vraiment se différencier des trente-huit autres fois où il avait fait cette promesse, pourrait dès demain proposer de "différemment gouverner et dans le respect", ce qui trancherait singulièrement avec ses autres déclarations, rassurant grandement les Français sur la suite.

SELON LES EXPERTS, ON DEVRAIT ATTEINDRE LE CAP DES 50 FOIS D'ICI LE MILIEU DE LA SEMAINE.

SOCIÉTÉ

INSOLITE : PORTÉ DISPARU DEPUIS TROIS JOURS, UN HOMME RETROUVÉ VIVANT DANS LE 20H DE TF1

Ses proches le cherchaient partout depuis dimanche soir, date à laquelle il avait été vu en train de quitter un immeuble rue du Faubourg-Saint-Honoré. L'homme porté disparu a été finalement retrouvé vivant sur un plateau télévisé d'une chaîne appartenant au groupe Bouygues.

"Nous avions commencé à poster des affiches dans tout Paris, nous étions morts d'inquiétude, explique Benjamin, 44 ans, directeur de cabinet. Nous avions presque baissé les bras car la police ne nous aidait pas quand quelqu'un nous a appelés pour nous dire qu'ils avaient reçu un signalement." En effet, contre toute attente et ignorant même que plusieurs de ses proches le recherchaient, le jeune Gabriel Attal est apparu au micro de TF1, invité du journal de 20H. "Cela a été un immense soulagement. Nous sommes allés le chercher à la sortie, nous l'avons accompagné et cette fois nous ne le quitterons plus des yeux." Certains réfléchissent même à l'équiper d'une balise pour être certain de le retrouver au plus vite. Benjamin de conclure :"Vous savez, à cet âge, ils gambadent tellement vite ! Imaginez jusqu'où il aurait pu aller ! Un accident est si vite arrivé."

"VOUS SAVEZ, À CET ÂGE, ILS GAMBADENT TELLEMENT VITE !"

ÉLECTIONS

UN ÉLECTEUR RETROUVÉ SEPT JOURS PLUS TARD DANS L'ISOLOIR EN TRAIN DE FINIR DE PLIER SON BULLETIN DE VOTE

Emmanuel Rimbert, 46 ans, qui avait disparu depuis près d'une semaine vient d'être retrouvé sain et sauf dans l'isoloir où il était allé voter. Récit.

Dimanche dernier, Emmanuel Rimbert, père de famille de deux enfants, s'était rendu en fin de journée dans le bureau de vote de son village de Nans-les-Pins, dans le Var. Et depuis, sa famille n'avait plus de nouvelles, craignant le pire : qu'il ait voté RN. "Au début, je pensais qu'il avait trop honte de son vote pour rentrer à la maison, nous raconte Mélodie, sa femme. Et au fil des heures et des jours, on a commencé à vraiment flipper." Finalement, Emmanuel est réapparu ce matin, au petit-déjeuner, comme si de rien n'était. "J'étais en train d'honorer mon travail de citoyen, et je ne m'étais pas rendu compte que j'étais parti aussi longtemps. J'essayais juste de plier mon bulletin pour pouvoir le glisser dans l'urne, et ça a pris un peu plus de temps que prévu." Pour éviter que cette mésaventure ne se reproduise lors des prochaines élections, Emmanuel a prévu de prendre des cours d'origami.

PEOPLE

GUILLAUME MEURICE ANNONCE QU'IL S'EXPRIMERA TOUS LES JOURS SUR LA BBC DEPUIS LONDRES

Au lendemain de l'annonce de son licenciement par Radio France à la suite d'une blague sur Benjamin Netanyahou, l'humoriste rebondit outre-Manche dans un billet d'humeur diffusé sur les ondes de la BBC.

Au cours de sa première intervention, Guillaume Meurice s'est adressé aux humoristes, caricaturistes et auteurs de billets d'humeur se trouvant en territoire britannique, ou qui viendraient à s'y trouver, pour les inciter à entrer en rapport avec lui. "La flamme de l'humour français ne doit pas s'éteindre et ne s'éteindra jamais", a-t-il déclaré. L'appel de l'humoriste semble avoir été entendu. Bruxelles a annoncé la création d'un pont aérien entre la Belgique et l'Angleterre pour acheminer des humoristes belges en renfort.

SOCIÉTÉ

LES LOUPS SONT ENTRÉS DANS PARIS

Selon plusieurs sources contradictoires, plusieurs loups, au moins deux, auraient été signalés comme entrant dans Paris, l'un par Issy, l'autre par Ivry. Reportage.

Selon la jeune Elvire, l'un d'eux se serait installé dans la plaine de Grenelle. "Cela pourrait prêter à rire mais c'est l'exacte vérité, deux loups sont entrés dans Paris", a commenté la jeune femme. Selon plusieurs sources, on annonce l'entrée prochaine de plus d'une centaine de loups dans Paris intra-muros. Selon un expert, ils sont "attirés par l'odeur du sang, il va en venir des mille et des cents, faire liesse et bombance". D'après un autre expert qui a souhaité rester anonyme, un des moyens de faire sortir les loups de Paris serait, selon lui, "que les hommes retrouvent l'amour et la fraternité". Toujours selon lui, si ces conditions sont réunies, les loups sortiront de Paris.

L'UN PAR ISSY, L'AUTRE PAR IVRY.

ÉLECTIONS

JORDAN BARDELLA FURIEUX DE VOIR LE SCORE DU RN ÉCRIT EN CHIFFRES ARABES

Malgré un score plus que prometteur du RN au premier tour, Jordan Bardella s'est agacé de voir celui-ci écrit en chiffres arabes au JT de TF1.

"Encore une fois, c'est symptomatique du grand remplacement", a tempêté le leader du RN alors que pleuvaient autour de lui les confettis de la victoire. "On aurait pu l'écrire en chiffres romains, mais non, comme d'habitude il n'y en a que pour les personnes issues de l'immigration", a-t-il déploré avant de regretter que toutes les dépenses de campagne aient été réglées en euros et non en sesterces.

POUR ÉQUILIBRER LES TEMPS DE PAROLE, L'ARCOM CONDAMNE CNEWS À DIFFUSER DES FILMS DE KEN LOACH PENDANT DEUX ANS

"POUR CES LÉGISLATIVES, NOUS AVONS LAISSÉ UNE GRANDE PLACE À LA GAUCHE, NOTAMMENT EN INSULTANT MATHILDE PANOT PLUS DE TROIS HEURES PAR JOUR."

Après plusieurs avertissements de l'ARCOM, le couperet est tombé pour la chaîne CNEWS qui se voit également contrainte d'utiliser des musiques du groupe Sinsemilia dans ses jingles.

La sanction planait depuis plusieurs jours. La chaîne d'information CNEWS a été épinglée par l'ARCOM pour non-respect des temps de parole pendant la campagne des législatives. Une accusation que dément formellement le directeur en chef Thomas Liard qui affirme que sa direction a toujours été attentive à la pluralité à l'antenne. "Pour ces législatives, nous avons laissé une grande place à la gauche, notamment en insultant Mathilde Panot plus de trois heures par jour", déclare-t-il, chiffres à l'appui.

En plus d'une amende salée, CNEWS se retrouve donc dans l'obligation de diffuser l'intégrale de Ken Loach en boucle pendant deux ans pour rattraper le temps de parole de la gauche. Autre sanction, l'obligation d'utiliser de la musique reggae pour l'habillage musical de la chaîne.

CNEWS n'est pas le seul média appartenant au groupe Bolloré à être dans le viseur de l'ARCOM. De nombreuses sources en interne affirment que l'autorité chargée de contrôler les temps de parole pourrait également sanctionner la radio Europe 1 et son animateur Cyril Hanouna. Diverses sanctions sont envisagées, allant du recrutement forcé d'anciens chroniqueurs de France Inter jusqu'à l'obligation de diffuser en boucle du Yannick Noah et des sketchs de Guy Bedos pendant soixante ans.

EXPULSIONS – LE RN REMERCIE VALÉRIE PÉCRESSE D'AVOIR RELIÉ CHÂTELET À ORLY EN SEULEMENT VINGT-CINQ MINUTES

Jordan Bardella a remercié publiquement Valérie Pécresse pour l'allongement de la ligne 14 du métro parisien qui facilitera les expulsions de son futur gouvernement.

En conférence de presse, le président du Rassemblement national et possible futur Premier ministre a tenu à remercier la présidente de la région Île-de-France, Valérie Pécresse, pour l'allongement de la ligne 14 du métro parisien : "Ça va considérablement accélérer notre processus d'expulsion des sans-papiers. Ils errent tous dans le centre de Paris, ça va donc être très facile de les arrêter au métro Châtelet et de les mettre dans un charter à Orly."

"ILS ERRENT TOUS DANS LE CENTRE DE PARIS, ÇA VA DONC ÊTRE TRÈS FACILE DE LES ARRÊTER AU MÉTRO CHÂTELET ET DE LES METTRE DANS UN CHARTER À ORLY."

Les commentateurs y voient le début d'une nouvelle alliance de la droite, comme nous l'affirme Jean-Michel Apathie : "Ce n'est pas qu'un prolongement de ligne entre Châtelet et Orly, mais aussi et surtout un prolongement entre les LR et le RN ! Il ne serait pas étonnant que pour plaire au gouvernement RN, Éric Ciotti demande à rallonger la ligne 4 de Bagneux jusqu'à Nice !"

À droite, certains y voient le baiser du diable, même s'il n'est pas question de s'inquiéter, comme l'affirme ce pilier des LR qui a préféré rester anonyme : "C'est un coup de com ! La ligne 14 n'aidera en aucun cas M. Bardella dans ses expulsions. Elle sera, comme toutes les lignes, en panne, en retard, ou remplie à ras bord. Les policiers n'auront pas la place de rentrer avec le futur expulsé ou arriveront en retard et louperont le vol. Sans parler du coût : le ticket de métro est à 11,50 euros, vous imaginez ce que ça va coûter aux Français ?"

GÉOPOLITIQUE

ISRAËL/PALESTINE – POUR ÊTRE CERTAIN DE COMPRENDRE LE CONFLIT, IL LIT DIX TWEETS AVANT DE PRENDRE POSITION

Soucieux de ne pas polluer la toile et son entourage avec un avis superficiel et peu éclairé, Bernard Guitton, commercial en assurances, s'est plongé dans le sujet du conflit israëlo-palestinien en lisant dix tweets sur la question avant de prendre position. Le jeune homme a même pris le temps de s'intéresser aux deux visions du conflit pour ne pas être accusé de partialité. "Bien sûr il s'agissait de tweets venant des deux camps, je voulais être certain de ne pas être biaisé et d'être en mesure de saisir toute la complexité du sujet", explique Bernard en likant un tweet *Pray For Gaza* et un second tweet *Pray for Israël*.

Mais ce n'est pas tout, Bernard a ensuite approfondi le sujet en visionnant une dizaine de shorts sur YouTube, Instagram et TikTok pour être en mesure de débattre intelligemment en société. "Certaines vidéos duraient jusqu'à quinze, voire parfois vingt secondes. Ce n'est pas pour me la raconter mais je commence à être sacrément calé", ajoute-t-il en ouvrant la page du conflit sur Vikidia, l'encyclopédie des 8-13 ans.

"CERTAINES VIDÉOS DURAIENT JUSQU'À QUINZE, VOIRE PARFOIS VINGT SECONDES."

Riche de ses connaissances sur ce conflit millénaire, Bernard a depuis partagé à son tour son avis sur les réseaux sociaux à grands renforts de posts, de tweets et de stories, et a commencé à insulter copieusement toutes les personnes qui ne pensaient pas comme lui.

POLITIQUE

MISSAK MANOUCHIAN S'ÉCHAPPE DU PANTHÉON ET REJOINT À NOUVEAU LA CLANDESTINITÉ

Le résistant qui venait d'être panthéonisé il y a seulement quatre mois s'est évadé avec plusieurs de ses compagnons de la crypte du Panthéon et aurait rejoint un réseau dans la clandestinité.

"Je ne laisserai pas mon pays tomber une seconde fois, a-t-il déclaré à l'issue d'une conférence de presse improvisée. Vous êtes ennuyeux, on ne peut même pas se reposer éternellement", a-t-il déclaré en préparant son prochain coup d'action avec ses camarades. "Je sais pas mais j'ai l'impression qu'il faut toujours que ça soit les étrangers qui viennent vous donner un coup de main quand vous vous mettez dans le pétrin. Vous apprenez jamais de votre histoire en fait ?" a-t-il fait remarquer.

"JE NE LAISSERAI PAS MON PAYS TOMBER UNE SECONDE FOIS."

CYRIL HANOUNA DEMANDE L'ASILE POLITIQUE EN CORÉE DU NORD

"BABA MAIS QUELLE DARKA ! LA CORÉE EST OUVERTE À TOUS LES FANZOUZES, ZÉRO RASSRAH ICI !".

Conséquence de la défaite du Rassemblement national aux législatives, l'animateur Cyril Hanouna vient de déposer une demande d'asile auprès de la Corée du Nord.

Pour mettre toutes les chances de son côté, Cyril Hanouna a vanté auprès du leader nord-coréen son sens du dévouement, de la loyauté, mais surtout son exceptionnel CV en matière de propagande.

Kim Jong-un a répondu favorablement à la demande de Cyril Hanouna, déclarant sur X "Baba mais quelle darka ! La Corée est ouverte à tous les fanzouzes, zéro rassrah ici !"

Autre personnalité impactée par les estimations publiées à 20 heures, Pascal Praud a lancé plusieurs appels de détresse pour demander une exfiltration du pays. L'animateur aurait payé plusieurs SDF de son quartier pour les installer sur le toit de son immeuble afin de former les lettres SOS visibles depuis le ciel.

REMERCIEMENTS

L'équipe du *Gorafi* remercie toutes les personnes qui ont collaboré à la réalisation du présent ouvrage et tous nos stagiaires en CDD qui ont accepté de sacrifier leur vie de famille pour que ce livre puisse voir le jour, ainsi que :

Sébastien Liebus, Fabien Liebus, Guillaume Pouget-Abadie, Quamel Pusati, Rémy Parasquive, Benjamin Veyres, Mathieu Boumal, Eugénie d'Huy, Clément Charton, James Tornade, Insaf Ouassal, Geoffey La Rocca, Jean Le Gall, Jean-Pierre Montal, Justine Dupré, Axelle Hardy, Virginie Pompon, Vincent Bolloré, Gérald Darmanin.

Ce livre est dédié à la mémoire de Benjamin Hart (1980-2024).

CRÉDITS PHOTO

P.7 : kristian sekulic - Getty Images / **P.9 :** Imago - Alamy Stock Photo / **P.10 :** Abaca Press - Alamy Stock Photo / **P.12 :** Wavebreak Media ltd - Alamy Stock Photo / **P.13 :** JEP Celebrity Photos - Alamy Stock Photo / **P.14 :** Imago - Alamy Stock Photo / **P.15 :** LJSphotography - Alamy Stock Photo / **P.16 :** Lamara Dalzous - Alamy Stock Photo / **P.17 :** Tynka - Alamy Stock Photo / **P.21 :** Jaromir Chalabala - Alamy Stock Photo / **P.22 :** Victor Kuznetsov - Alamy Stock Photo / **P.23 :** le Moal Olivier - Alamy Stock Photo / **P.24 :** Imago - Alamy Stock Photo / **P.25 :** Sipa USA - Alamy Stock Photo / **P.27 :** caia image - Alamy Stock Photo / **P.28 :** Moon Safari - Alamy Stock Photo / **P.29 :** Georgy Dzyura - Alamy Stock Photo / **P.30 :** Noriko Cooper - Alamy Stock Photo / **P.31 :** Panther Media GmbH - Alamy Stock Photo / **P.32 :** Dimitry Bobroff - Alamy Stock Photo / **P.36 :** Aleksandr Davydov - Alamy Stock Photo /**P.35 :** Rémy Parasquive / **P.37 :** Dmitriy Shironosov - Alamy Stock Photo / **P.38 :** Lyndon Stratford - Alamy Stock Photo / **P.39 :** Wirestock, Inc. - Alamy Stock Photo / **P.40 :** Girts Ragelis - Alamy Stock Photo / **P.40 :** Kritchanut Onmang - Alamy Stock Photo / **P.41 :** Aleksandr Davydov - Alamy Stock Photo / **P.43 :** Magdalena Bujak - Alamy Stock Photo / **P.44 :** Natalia Gdovskaia - Alamy Stock Photo / **P.45 :** PhotoAlto - Alamy Stock Photo / **P.46 :** Jack Frog - Alamy Stock Photo / **P.47 : P**eter Hermes Furian - Alamy Stock Photo / **P.51 :** Abaca Press - Alamy Stock Photo / **P.52:** Dzmitry Andreyeu - Alamy Stock Photo / **P.53 :** Ranta Images - Alamy Stock Photo / **P.55 :** Kremlin Pool - Alamy Stock Photo / **P.56 :** Image Source Limited - Alamy Stock Photo / **P.58 :** pascal vandon - Alamy Stock Photo / **P.59 :** Aaron Amat - Alamy Stock Photo / **P.59 :** Wirestock, Inc. - Alamy Stock Photo / **P.60 :** SeventyFour Images - Alamy Stock Photo / **P.61 :** theVisualsYouNeed - Alamy Stock Photo / **P.62 :** Victor Joly - Alamy Stock Photo / **P.65 :** ZUMA Press Inc - Alamy Stock Photo / **P.65 :** Abaca Press - Alamy Stock Photo / **P.66 :** Abaca Press - Alamy Stock Photo / **P.67 :** H. Mark Weidman Photography - Alamy Stock Photo / **P.69 :** dpa picture alliance - Alamy Stock Photo / **P.70 :** Abaca Press - Alamy Stock Photo / **P.71 :** Adam Jan Figel - Alamy Stock Photo / **P.73 :** Dmytro Sidelnikov - Alamy Stock Photo / **P.75 :** Gaertner - Alamy Stock Photo / **P.76 :** Abaca Press - Alamy Stock Photo / **P.79 :** Vadym Drobot - Alamy Stock Photo / **P.80 :** Christophe Coat - Alamy Stock Photo / **P.81 :** Prostock-studio - Alamy Stock Photo / **P.83 :** MBI - Alamy Stock Photo / **P.84 :** Takatoshi Kurikawa - Alamy Stock Photo / **P.86 :** Bildagentur-online-Joko - Alamy Stock Photo / **P.87 :** Victor Joly - Alamy Stock Photo / **P.89 :** Sipa USA - Alamy Stock Photo / **P.89 :** Prostock-studio - Alamy Stock Photo / **P.89 :** LE PICTORIUM - Alamy Stock Photo / **P.90 :** olga Yastremska - Alamy Stock Photo / **P.91 :** Imago - Alamy Stock Photo / **P.95 :** Guy Brown - Alamy Stock Photo / **P.96 :** Menigault Bernard - Alamy Stock Photo / **P.97 :** Dorset Media Service - Alamy Stock Photo / **P.99 :** Oleg Elkov - Alamy Stock Photo / **P.100 :** Abaca Press - Alamy Stock Photo / **P.101 :** David Holbrook - Alamy Stock Photo / **P.102 :** Martin Shields - Alamy Stock Photo /

P.103 : eddie linssen - Alamy Stock Photo / **P.104 :** Anamaria Mejia - Alamy Stock Photo / **P.105 :** Cum Okolo - Alamy Stock Photo / **P.105 :** Darryl Fonseka - Alamy Stock Photo / **P.105 :** Mopic - Alamy Stock Photo / **P.106 :** imageBROKER.com GmbH - Alamy Stock Photo / **P.109 :** EThamPhoto - Alamy Stock Photo / **P.109 :** Andrew Paterson - Alamy Stock Photo / **P.110 :** David R. Frazier Photolibrary, Inc. - Alamy Stock Photo / **P.111 :** Victor Joly - Alamy Stock Photo / **P.112 :** Stan Syen - Alamy Stock Photo / **P.114 :** Christophe Coat - Alamy Stock Photo / **P.115 :** Klaus Ohlenschlaeger - Alamy Stock Photo / **P.116 :** Greek photonews - Alamy Stock Photo / **P.117 :** Paul Vasarhelyi - Alamy Stock Photo / **P.117 :** dpa picture alliance - Alamy Stock Photo / **P.118 :** blickwinkel - Alamy Stock Photo / **P.119 :** Graham Hughes - Alamy Stock Photo / **P.123 :** Soma - Alamy Stock Photo / **P.125 :** Abaca Press - Alamy Stock Photo / **P.126 :** Imago - Alamy Stock Photo / **P.126 :** LE PICTORIUM - Alamy Stock Photo / **P.127 :** SeventyFour Images - Alamy Stock Photo / **P.128 :** UlyssePixel - Alamy Stock Photo / **P.129 :** imageBROKER.com GmbH - Alamy Stock Photo / **P.130 :** Abaca Press - Alamy Stock Photo / **P.131 :** Jinda Noipho - Alamy Stock Photo / **P.131 :** Image Source Limited - Alamy Stock Photo / **P.133 :** OJPHOTOS - Alamy Stock Photo / **P.134 :** Serge Mouraret - Alamy Stock Photo / **P.137 :** GK History Images - Alamy Stock Photo / **P.138 :** Jana Shea - OOgImages - Alamy Stock Photo / **P.139 :** francois pauletto - Alamy Stock Photo / **P.141 :** Enrique Shore - Alamy Stock Photo / **P.142 :** Graham Oliver - Alamy Stock Photo / **P.143 :** camac - Alamy Stock Photo / **P.144 :** World History Archive - Alamy Stock Photo / **P.145 :** Newscom - Alamy Stock Photo / **P.146 :** Eddie Gerald - Alamy Stock Photo / **P.146 :** Abaca Press - Alamy Stock Photo / **P.147 :** Martin Bertrand - Alamy Stock Photo / **P.148 :** David Tipling Photo Library - Alamy Stock Photo / **P.149 :** Abaca Press - Alamy Stock Photo / **P.150 :** Soma - Alamy Stock Photo / **P.151 :** Peopleimages - Alamy Stock Photo / **P.152 :** JEROME LABOUYRIE - Alamy Stock Photo / **P.153 :** Abaca Press - Alamy Stock Photo

Photogravure : Apex Graphic, Paris
Fabrication : Axelle Hosten et Yanis Loisel
Achevé d'imprimer en octobre 2024
par Estimprim en France
ZA La Craye - 25110 Autechaux
N° d'édition : M18160/01